CAMPAGNE DE 1815

AVEC EXPLICATION DES BAS-RELIEFS

DE LA COLONNE DE LA PLACE VENDOME.

DESCRIPTION

DE

LA COLONNE

MONUMENT TRIOMPHAL

ÉLEVÉ A LA GLOIRE DE LA GRANDE ARMÉE

PAR

L'EMPEREUR NAPOLÉON,

Suivi d'un Précis historique de la Campagne de 1805.

BATIGNOLLES.

CHAUFFOURIER, RUE TRUFFAULT, 10.

—

1844.

UN MOT SUR NAPOLÉON.

La nature jette rarement, et à de grandes distances, des hommes étonnants, destinés à remuer, agiter, et même bouleverser le globe.

La France, qu'une de ces révolutions extraordinaires a placée au rang de la plus grande nation du monde, vit sortir de son sein un de ces génies ardents et féconds, dont tous les actes décèlent une âme brûlante et capable des plus grandes choses.

Napoléon paraît, s'élance dans les rangs de nos soldats; il électrise leur âme, qu'il embrâse du feu dévorant de l'amour des combats, il rallume dans leur cœur un germe de vengeance qu'ils y nourrissaient déjà, et depuis longtemps, contre les despotes du Nord.

Porté par sa noble valeur à la tête de nos

phalanges guerrières, par ses glorieux exploits et ses nombreuses victoires en France, en Italie et en Égypte, il élève au plus haut degré de dignité la gloire du nom français.

Mais, tandis qu'au dehors notre armée vole de conquêtes en conquêtes, la France est en proie aux plus affreuses dissensions politiques, et prête à s'engloutir sous ses ruines sanglantes...

Instruit de ces horribles désastres, Napoléon confie le commandement de notre armée à d'habiles et braves généraux; il arrive incognito dans la capitale... Courageux témoin des maux qui l'accablent et la déchirent, il s'abandonne à sa première idée, et sans autre guide que sa grande âme; mais, toujours plein d'une forte confiance dans son génie colossal, il saisit d'une main hardie le gouvernail de la France... Napoléon comptait à peine trente ans lorsqu'il se fit chef de l'État; réorganiser les administrations et en créer de nouvelles, fut pour lui le sillon de l'éclair; il réconcilie tous les partis; à sa voix de nouveaux fleuves nous entr'ouvrent leur sein, le commerce reprend une attitude florissante, il fait un appel aux arts et aux sciences, tous les genres d'industrie s'élèvent au plus haut degré de prospérité; enfin, il réunit auprès de lui toutes les célébrités, et, du sein de son conseil d'état, le foyer de toutes les lumières, sort ce Code immortel, qui fut même respecté par l'orgueil de la prétendue Restauration, et que les puissances étrangères ont pris pour modèle.

Ce météore..., ce fils chéri de la victoire, le plus grand de tous les capitaines des siècles reculés et présents, nous apprit à marcher par des routes qui n'avaient point encore été frayées... il nous a conduits par tous les chemins de la gloire, et toujours en laissant derrière nous des arcs de triomphe, mais. . . . .

. . . .

une forêt de lauriers lui voilait l'avenir. .

. . . . . Une larme... un souvenir au grand homme! il n'est plus!!!

Héritiers de sa gloire, il nous légua sa colonne !

> Le puissant maître du tonnerre
> A marqué son rang près des dieux ;
> Et, quand ses pieds touchent la terre,
> Son front auguste est dans les cieux.

DESCRIPTION

DE LA COLONNE.

DESCRIPTION GÉNÉRALE.

La colonne qui porte la statue de l'Empereur est d'ordre dorique, dans des proportions colossales ; elle est formée d'un noyau en pierres de taille très dures, et appareillées avec soin ; ce noyau est revêtu de plaques de bronze extérieurement sculptées.

-Les fondations ont 30 pieds de profondeur : ce sont celles qui servaient à la statue de Louis XIV ; elles sont bâties sur pilotis, et ont été jugées assez solides pour supporter le poids du nouveau monument.

On a ménagé, dans l'intérieur de la colonne, un escalier en colimaçon, dont les marches, au nombre de 176, sont taillées dans l'épaisseur même des assises de pierre : cet escalier conduit au sommet, sur le tailloir du chapiteau, qui est garni d'une balustrade, et d'où l'on domine tous les monuments avoisinants et d'une grande partie de la ville. Le faîte de la colonne, avec la statue qui la surmonte, est visible dans la plupart des quartiers de Paris et à une grande distance de la campagne.

Les plaques de bronze dont cette colonne est revêtue sont au nombre de 425, et pèsent, avec la statue (ancienne) et ses divers ornements, 1,800,000 livres. Elles ont été coulées avec l'airain de 1200 canons, pris parmi ceux conquis sur l'ennemi à Ulm et à Vienne. 1120 Agrafes du même métal, scellées dans le noyau de la pierre du monument, servent à y fixer ces plaques. On a calculé avec prévoyance les effets de l'influence atmosphérique sur les métaux, et on a remédié avec intelligence, par différents modes de jointures intérieures, aux inconvénients de la dilatation causée par la chaleur et du resserrement produit par le froid.

DIMENSIONS.

Les mesures publiées par le bureau des longitudes ne donnent à la colonne que 43 mètres de hauteur, ou 132 pieds 3 pouces.

D'après les divisions indiquées par les architectes qui ont été chargés de l'exécution de ce monument, la hauteur totale doit être de 133 pieds 7 pouces ; savoir :

	Pieds.	Pouces.
Piédestal (y compris le perron, composé de 3 marches).	17	3

Nota. La largeur dans le nu du dé est de 17 pieds.

	Pieds.	Pouces.
Base et torse.	5	8
Fût, dont le diamètre moyen est de 11 pieds 5 pouces.	82	6
Chapiteau.	4	2
Lanterne ou stylobate.	13	6
Statue avec la plinthe.	10	6

(La nouvelle statue a 12 pieds de haut.)

	Pieds.	Pouces.
Il faut ajouter à ces.	133	7
Pour différence entre l'ancienne et la nouvelle statue.	1	6
La hauteur totale est donc aujourd'hui de.	135	1

PIÉDESTAL.

Le piédestal est revêtu, sur trois de ses faces, d'un double bas-relief qui règne dans toute leur largeur, et qui reproduit avec une exacte et louable fidélité les uniformes, les armes, les armures et les équipages militaires de l'ennemi. Les canons, mortiers, obusiers, boulets, bombes, carabines, fusils, pistolets, lances, épées, sabres, drapeaux, étendards, guidons, bannières, timballes, tambours, trompettes, instruments de musique militaire, chapeaux, casques, schakos, colbacks, bonnets, uniformes d'officiers supérieurs russes et autrichiens, y sont groupés d'une manière pittoresque; mais on n'y remarque d'autres armoiries que celles de l'Autriche, d'autre chiffre que celui de François II.

Launay, fondeur de la colonne, assure à ce sujet que l'empereur aurait, pendant la construction, fait faire aux bas-reliefs d'importants changements.

Voici ce qu'on lit dans un ouvrage sur la colonne, que cet artiste a laissé manuscrit.

« Napoléon, recherchant l'alliance de la
« Russie, donna par politique l'ordre d'ef-
« facer des bas-reliefs tout ce qui pouvait
« rappeler les triomphes de l'armée fran-
« çaise sur les Russes réunis aux Autri-
« chiens. Nous trouvâmes que cet ordre
« pourrait par suite diminuer la gloire de

« l'armée : car les antiquaires à venir, ne
« voyant sur la colonne que les dépouilles
« enlevées à l'Autriche, en concluraient
« qu'elle seule avait été vaincue. Nous prî-
« mes la résolution de consigner ce fait, qui
« aura sans doute échappé jusqu'à ce jour
« aux divers historiens qui ont parlé de la
« colonne et de la glorieuse campagne de
« 1805. Et, afin d'en établir une preuve in-
« contestable, nous conservâmes au-dedans
« des grands bas-reliefs de la colonne, les
« marques de triomphe des Français sur les
« armées russes et autrichiennes réunies.
« S'il était possible de voir le revers de ces
« bas-reliefs, on y trouverait les chiffres de
« ces deux puissances accolés, comme ils
« l'étaient dans les bas-reliefs avant l'ordre
« qui nous fut transmis. »

DÉDICACE.

La porte qui conduit à l'escalier intérieur
de la colonne se trouve dans la quatrième
face du piédestal, vis-à-vis la rue Castiglione.
Elle est haute de 7 pieds, de bronze massif,
à deux battants, ornée d'aigles et de cou-
ronnes de lauriers. Cette porte se trouve en

partie encadrée dans le bas-relief inférieur, où sont groupés et sculptés, comme dans les trois autres faces du piédestal, des trophées et des armes de guerre. Le bas-relief supérieur représente deux renommées, soutenant un vaste cartouche, au centre duquel on lit cette inscription, composée par le célèbre antiquaire Visconti :

. NEAPOLIO. IMP. AUG.

MONUMENTUM. BELLI. GERMANICI,

ANNO. M. D. CCCV.

TRIMESTRI. SPATIO. DUCTU. SUO. PROFLIGATI.

EX. ÆRE. CAPTO.

GLORIÆ. EXERCITUS. MAXIMI. DICAVIT.

On peut la traduire ainsi :

« Napoléon, empereur auguste, a dédié
« à la gloire de la grande armée ce monu-
« ment, fait avec l'airain conquis sur l'en-
« nemi, pendant la guerre d'Allemagne,
« qui, sous son commandement, fut ter-
« minée en 1805, dans l'espace de trois
« mois. »

BASE.

Au-dessus du piédestal, à chaque angle, et appliqué à la base, un aigle en ronde bosse, aux ailes déployées, retient dans ses serres l'extrémité d'une guirlande de chêne qui tombe en feston sur chaque façade. Chacun de ces quatre aigles pèse 500 livres.

Le torse soutient immédiatement le fût de la colonne, et figure une énorme couronne de feuilles de laurier qui entoure entièrement la base.

FUT.

Le fût est enveloppé dans toute sa hauteur par un bas-relief de 3 pieds 8 pouces de hauteur, qui ceint vingt-deux fois la colonne, et qui se déroule en spirale sur une longueur de 840 pieds environ. Ce bas-relief, au-dessous duquel règne un cordon où sont indiqués les sujets qu'il retrace, présente une suite de tableaux commémoratifs de la campagne. Chaque sujet est séparé de celui qui le précède ou de celui qui le suit par l'indication d'une porte de ville ou d'un arbre. On conçoit combien il a fallu de goût, d'art et d'imagination, pour observer l'ordre chronologique des événements , conserver un certain caractère d'unité dans une aussi vaste composition, et cependant en varier chaque scène.

Les sujets bas-reliefs, au nombre de soixante-seize, ont été choisis par l'empereur lui-même, et c'est en sa présence que les inscriptions qui les accompagnent ont été composées par le savant Denon et par le prince de Wagram. Ces inscriptions, que nous allons reproduire, offrent l'histoire complète de la campagne de 1805.

CHAPITEAU ET LANTERNE.

Au-dessus du chapiteau, sur le tailloir où vient aboutir l'escalier intérieur, s'élève une lanterne de forme circulaire, et dont la partie supérieure, arrondie en dôme et sculptée en larges feuilles disposées comme des écailles, supporte la statue de l'empereur.

Sur la partie de cette lanterne qui regarde les Tuileries, on lit l'inscription suivante :

MONUMENT ÉLEVÉ A LA GLOIRE DE LA GRANDE ARMÉE
PAR NAPOLÉON LE GRAND.
COMMENCÉ LE 18 AOUT 1806, TERMINÉ LE 15 AOUT 1810,
SOUS LA DIRECTION DE D. V. DENON;
MM. J. B. LEPÈRE ET L. GONDOIN, ARCHITECTES.

DESCRIPTION DE LA NOUVELLE STATUE.

PAR M. E. SEURRE.

La statue de M. Seurre a 12 pieds de haut. Elle est fondue avec des canons pris à l'ennemi (sous l'empire, bien entendu; car aujourd'hui si nous faisons la guerre, nous ne prenons de canons à personne). Elle est l'ouvrage d'un homme de talent. Elle a été coulée d'un seul jet par M. Crozatier.

L'empereur, debout contre une pile de boulets, est représenté dans son costume de bataille. Sa pose est simple et grave, son bras droit tombe négligemment sur son côté; il tient à la main la lorgnette avec laquelle sans doute il vient de regarder les positions de l'ennemi; l'autre bras est replié sur sa poitrine; sa main est à moitié cachée dans son gilet. La forme du costume doit être exacte, le général Bertrand a bien voulu prêter à l'artiste le chapeau, le frac militaire, les épaulettes, la redingote à revers, les bottes à l'écuyère, les éperons d'or, et la lorgnette, qui ont servi au grand homme. M. Seurre a même pu copier l'épée que Napoléon portait à la bataille d'Austerlitz. Si jamais cette épée victorieuse était perdue, on en trouverait l'image en bronze au sommet de la colonne.

Cette statue, replacée le 20 juillet sur le monument triomphal qui lui sert de base, a été découverte le 28, au moment où le roi Philippe passait en revue la garde nationale.

ANCIENNE STATUE,

PAR CHAUDET.

Dans le premier projet adopté par l'empereur, la colonne devait être couronnée par la statue de Charlemagne. Napoléon, soit pressentiment des vicissitudes de la fortune, soit juste conviction qu'une statue de bronze était inutile à sa gloire, se refusa long-temps aux instances de la flatterie. Ce ne fut qu'après les triomphes d'Iéna, d'Eylau et de Friedland, qu'il consentit à se laisser élever une statue de son vivant.

DESCRIPTION

DES BAS-RELIEFS

SUIVIE

D'UN PRÉCIS HISTORIQUE A CHAQUE NUMÉRO.

CAMP DE BOULOGNE.

N. 1.

Le 25 août 1805, l'armée navale rentre dans le port. Le bas-relief représente des chaloupes canonnières dirigées par les marins de la garde impériale.

Ce fut au milieu d'une fête solennelle que Napoléon donnait à ses troupes, que l'armée navale entra dans le port ; au moment où les colonnes d'infanterie se déployaient en se prolongeant sur les côteaux, pour venir ensuite défiler par pelotons devant le trône, une division de cinquante voiles, avant-garde de la flottille du Hâvre, parut à la hauteur du cap d'Alpreck.

Tous les regards se portèrent alors sur la mer, et l'enthousiasme fut au dernier degré d'exaltation, lorsque l'on vit l'Océan payer ainsi son tribut à l'empereur, par l'arrivée, au milieu d'une solennité aussi remarquable, d'un convoi si impatiemment attendu depuis plusieurs mois.

L'empereur, ayant connaissance de la déclaration de guerre de l'empereur d'Autriche, fait un discours aux troupes et ordonne la levée du camp (1).

N. 2.

Les 31 août, 1er, 2 et 3 septembre, les 3e 4e, 5e et 6e corps quittent Boulogne pour se rendre sur le Rhin ; des soldats sur le rivage prennent congé des matelots ; d'autres chargent des chariots et des fourgons ; le camp est indiqué dans le fond par des baraques et des lanternes.

L'empereur quitte Boulogne, les 3e, 4e, 5e et 6e corps d'armée reçoivent bientôt l'ordre de se préparer à quitter ce port pour marcher sur le Rhin.

---

(1) L'empereur, pendant son séjour à Boulogne, fit creuser un bassin, aux travaux duquel une partie des troupes fut employée. Un jeune soldat se trouvant enfoncé dans la

N. 3.

Le 2 septembre, le 2ᵉ corps part d'U-
trecht èt se dirige sur le Mayn.

Ce bas-relief représente un groupe d'artillerie dirigeant des pièces de canon à la
prolonge, au centre est placé un officier
donnant des ordres aux soldats du train.

---

vase jusqu'aux genoux, tirait de toutes ses forces pour dé-
gager sa brouette, encore plus embourbée que lui ; mais il
ne pouvait en venir à bout, et, tout couvert de sueur, il ju-
rait et pestait comme un grenadier en colère. Tout-à-coup,
en levant par hasard les yeux, il aperçut l'empereur qui
passait par les travaux. Alors il se mit à le regarder avec
un air et des gestes suppliants, en chantant d'un ton presque sentimental : *Venez, venez à mon secours !* Sa majesté ne put s'empêcher de sourire, et fit signe au soldat
d'approcher, ce que fit le pauvre diable en se débourbant à
grand'peine.

—Quel est ton régiment ? — Sire, le 1ᵉʳ de la garde. —
Depuis quand es-tu soldat ? — Depuis que vous êtes empereur, sire. — Diable ! il n'y a pas longtemps..., il n'y a
pas assez longtemps pour que je te fasse officier, n'est-il
pas vrai ? Mais conduis-toi bien, et je te ferai nommer sergent-major ; après cela, si tu veux, la croix et les épaulettes
sur le champ de bataille. Es-tu content ? — Oui, sire. —
L'empereur lui fit donner trois cents francs pour faire net-
toyer son pantalon et faire réparer sa brouette. Sa majesté
poursuivit sa course au milieu des acclamations des soldats.
(*Mémoires de Constant,* t. 1, p. 251.)

Tandis que les colonnes de l'armée des côtes de l'Océan commençaient leur mouvement vers Strasbourg, le maréchal Bernadotte recevait l'ordre de faire occuper les forteresses du Hameln et de Niembourg par le 19ᵉ régiment de ligne sous le commandement du général de division Bastoul, nommé commandant supérieur du pays de Hanovre, et de réunir les troupes sur la frontière de Hesse-Cassel, pour se porter ensuite sur Francfort, et en même temps de lever son camp d'Utrecht pour se diriger sur le Mayn et prendre part aux opérations ultérieures.

N. 4.

Le 2 septembre, le 7ᵉ corps quitte le camp de Brest, et se dirige sur le Haut-Rhin. L'artiste a représenté le moment où la division est en marche, les généraux sont placés derrière un groupe de tambours et de jeunes fifres; le fond de ce bas-relief représente la porte de la ville de Mayence.

Le même jour où les troupes du deuxième corps traversaient Hesse-Cassel, se dirigeant sur le Mayn, le 7ᵉ corps quittait le camp de Brest et se portait sur le Haut-Rhin.

N. 5.

Le 17 septembre, le 1er corps, parti du Hanovre, traverse le pont de la Fuld sur le Weser, et se dirige sur le Mayn.

Le bas-relief représente l'instant où les troupes vont franchir cette rivière ; le maréchal indique par sa pose l'ordre qu'il donne à ses troupes de le suivre ; les deux aigles placés derrière lui précèdent la colonne de grenadiers.

Le maréchal Bernadotte avait, en quittant l'électorat de Hanovre, une première difficulté à vaincre, qui demandait toute la sagacité, la prudence et la fermeté de ce chef ; il s'agissait de ménager la susceptibilité d'un prince dont les intentions paraissaient déjà douteuses, et qui avait de grands moyens de défense. Il importait à la France d'éviter une seconde lutte sur le territoire allemand, et de ne point détourner la Prusse, ainsi que les Hessois, à s'unir de suite à la coalition. L'armée de Hanovre, déjà désignée comme le premier corps de la grande armée française, fut concentrée à Munden sur le Weser, le 15 septembre, et le lendemain, les divisions bivouaquèrent à la lisière de la forêt de Munden, à deux lieues de Cassel ; l'envoyé de France à la cour de Hesse-Cassel, d'après les instructions de son gouvernement, avait, autant que possible, disposé le ministre de l'électeur à ne pas considérer comme une agression le passage qu'il demandait impérieusement pour les troupes françaises du Hanovre à travers la Hesse. Cet envoyé était M. Bignon.

Le mouvement de l'armée française à travers l'électorat, se fit avec tout l'ordre et la discipline qu'on pouvait attendre de soldats amis. L'armée française arriva à Mayence, y traversa le Rhin vis-à-vis Cassel, traversa Francfort et le pont du Mayn, et se dirigea sur Wurtzburg, par Offenbach et Séligmstadt.

N. 6.

Le 23 septembre l'empereur va au sénat, S. M. déclare que la guerre de la troisième coalition est commencée, et qu'elle part pour commander l'armée.

S. M. est debout au milieu des sénateurs, et leur déclare qu'il veut maintenir pure et sans tache la couronne qu'il a reçue du peuple français.

De chaque côté du bas-relief sont placés des grenadiers de sa garde.

SÉANCE EXTRAORDINAIRE DU SÉNAT.

Napoléon en fait l'ouverture par le discours suivant :

« SÉNATEURS,

« Dans les circonstances présentes de l'Europe, j'éprouve le besoin de me trouver au milieu de vous, et de vous faire connaître mes sentiments.

« Je vais quitter ma capitale pour me mettre à la tête de l'armée, porter un prompt secours à mes alliés et défendre les intérêts les plus chers à mes peuples.

« Les vœux des éternels ennemis du continent sont accomplis; la guerre a commencé au milieu de l'Allemagne, l'Autriche et la Russie se sont réunis à l'Angleterre, et notre génération est entraînée de nouveau dans toutes les calamités de la guerre.

« Il y a peu de jours, j'espérais encore que la paix ne serait pas troublée; les menaces et les outrages m'avaient trouvé impassible, mais l'armée autrichienne a passé l'Inn, Munich est envahie; l'électeur de Bavière est chassé de sa capitale ; toutes mes espérances sont évanouies.

« C'est dans cet instant que s'est dévoilée la méchanceté des ennemis du continent. Ils craignaient encore la manifestation de mon profond amour pour la paix; ils craignaient que l'Autriche, à l'aspect du gouffre qu'ils avaient creusé sous ses pas, ne revint à des sentiments de justice et de modération ; ils l'ont précipitée dans la guerre.

« Je gémis encore du sang qu'il va en coûter à l'Europe, mais le nom français en obtiendra un nouveau lustre.

« Sénateurs, quand, à votre vœu, à la voix du peuple français tout entier, j'ai placé sur ma tête la couronne impériale, j'ai reçu de vous, de tous les citoyens, l'engagement de la maintenir pure et sans tache. Mon peuple m'a donné dans toutes les circonstances des preuves de sa confiance et de son amour ; il volera sous les drapeaux de son empereur et de son armée, qui, dans peu de jours, auront dépassé les frontières.

« Magistrats, soldats, citoyens, tous veulent maintenir la patrie hors de l'influence de l'Angleterre, qui, si elle prévalait, ne nous accorderait qu'une paix environnée d'ignominie et de honte, et dont les principales conditions seraient la perte de nos flottes, le comblement de nos ports et l'anéantissement de notre industrie.

« Toutes les promesses que j'ai faites au peuple français, je les ai tenues ; le peuple français, à son tour, n'a pris aucun engagement avec moi qu'il n'ait surpassé. Dans cette circonstance si importante pour sa gloire et pour la mienne, il continuera à mériter le nom de *grand peuple,* dont je le saluai au milieu des champs de bataille.

« Français, votre empereur fera son devoir,

mes soldats feront le leur, vous ferez le vôtre. »

Dans cette même séance, où M. de Talleyrand fit l'exposé de la conduite du gouvernement avec l'Autriche, les conseillers d'État, Regnault de Saint-Jean-d'Angély et de Ségur, firent au Sénat deux rapports ; l'un contenant les motifs d'une levée de 80,000 hommes sur la conscription de 1816, et l'autre les motifs d'une autorisation demandée par le gouvernement pour donner une organisation susceptible d'être utilisée à la garde nationale de l'Empire : le Sénat s'empressa de condescendre au vœu du gouvernement, et décréta presque aussitôt la levée qui était demandée.

N. 7.

Le 25 septembre, le 2e corps parti de Hollande, passe le Rhin à Mayence.

Le milieu du pont est occupé par des grenadiers et des fantassins, au centre desquels on distingue des drapeaux surmontés d'aigles : à la descente du pont est un officier enveloppé dans son manteau; le fond du bas-relief représente une des portes de la ville de Mayence.

Le général Marmont ayant remonté la rive gauche du Rhin, arrive à Mayence avec le corps d'armée stationné en Hollande pour se diriger ensuite sur *Wurtzbourg*, où il devait se joindre au corps du maréchal Bernadotte et à l'armée bavaroise.

N. 8.

Le 26 septembre, le 3e corps, parti de Bruges, passe le Rhin à Manheim.

Toute la longueur de ce bas-relief représente le passage de nos troupes sur ce fleuve; des marins sont occupés à diriger les barques.

Ce corps, qui était celui du maréchal Davoust, était formé des divisions Friant, Gudin, et Boursier; il se porta, par Heidelberg et Neckeretetz, sur le Necker.

N. 9.

Le 26 septembre, le 4e corps, parti de Boulogne, passe le Rhin à Spire.

Au milieu de ce bas-relief est représenté le maréchal Soult, à cheval, donnant des ordres à plusieurs officiers-généraux placés derrière lui; vers l'extrémité du bas-relief sont des pontonniers qui travaillent à finir le pont sur lequel doit s'effectuer le passage des troupes, et favoriser leur entrée dans la ville de Spire.

Le 4ᵉ corps, parti de Boulogne, passe le Rhin à Spire et marche sur Heilbron. Ce corps, sous la direction du maréchal Soult, était composé des divisions Vandamme, Legrand et Saint-Hilaire.

N. 10.

Le 26 septembre, le 6ᵉ corps, parti de Montreuil, passe le Rhin sur un pont de bateaux près de Dourlach. Un régiment, musique en tête, fait le sujet de tout ce bas-relief.

Le 6ᵉ corps, celui du maréchal Ney, formé des divisions d'infanterie aux ordres des généraux Dupont, Loison et Malher, plus, d'une division de dragons à pied, commandée par le général Baraguay d'Hilliers, traversa le fleuve, le 26, sur un pont jeté vis-à-vis de Dourlach, et se porta sur Stuttgardt.

N. 11.

Le 25 septembre, le 5ᵉ corps et la cavalerie passent le Rhin à Kelh ; vient ensuite un convoi d'artillerie conduit par des militaires et des paysans, pour rappeler l'empressement des habitants à favoriser la marche de notre armée.

Le corps du maréchal Lannes, composé de la belle division de grenadiers du général Oudinot, et d'une division d'infanterie commandée par le général Suchet, passe le Rhin, le 25 septembre, à Kelh. fait halte pendant la nuit aux environs de Rastadt, et s'avance le lendemain sur Louisbourg.

N. 12.

Le 1ᵉʳ octobre, l'empéreur traverse le pont de Kelh, il est à cheval, entouré de son état-major, et suivi des différents corps de sa garde.

Ce qui est à remarquer, c'est la variété existante dans les dessins pour éviter la monotonie des scènes à peu près semblables, ce qui ne nuit point ici à la vérité de l'action.

Napoléon, arrivé le 27 septembre à Strasbourg, y séjourna jusqu'au 1ᵉʳ octobre. Sa pensée avait suffi jusqu'alors pour diriger toutes ces masses sur un territoire ami ; mais le moment était venu de les faire agir et de combiner leur marche ultérieure d'après les mouvements de l'ennemi : il fit traverser le Rhin au grand parc d'artillerie, qu'il dirigea sur Heilbron (à peu près au centre de la ligne d'opération), et passa lui-même le fleuve, le 1er octobre, à Kehl.

N. 13.

Le 1er octobre, l'électeur de Bade vient recevoir l'empereur à Ettlingen. Ce bas-relief est composé de deux groupes séparés par un arbre, d'un côté est l'empereur entouré de son état-major, et de l'autre l'électeur de Bade suivi des princes Louis et Frédéric.

Parti du pont de Kehl, Napoléon vint coucher à Ettlingen le même jour, où il fut reçu par l'électeur et les princes de Bade, empressés de venir faire leur cour à celui qu'ils appelaient leur libérateur.

Le lendemain, il se rendit à Louisbourg.

N. 14.

Le 2 octobre, l'électeur de Wurtemberg vient recevoir l'empereur à Louisbourg.

Ces deux groupes sont à peu près disposés comme dans le bas-relief précédent.

L'électeur duc de Wurtemberg vient prodiguer à l'empereur les mêmes honneurs et les mêmes expressions de reconnaissance qu'il avait reçus à Ettlingen.

Avant de passer le Rhin, Napoléon fit mettre à l'ordre de l'armée la proclamation suivante :

» Soldats !

« La guerre de la troisième coalition est commencée; l'armée autrichienne a passé l'Inn, violé les traités, attaqué et chassé de sa capitale notre allié... Vous-mêmes vous avez dû accourir à marches forcées à la défense de nos frontières ; mais déjà vous avez passé le Rhin... Nous ne nous arrêterons plus que nous n'ayons assuré l'indépendance du corps germanique, secouru nos alliés, et confondu l'orgueil de nos injustes agresseurs. Nous ne ferons plus de paix sans garanties, notre générosité ne trompera plus notre politique.

« Soldats ! votre empereur est au milieu de vous, vous n'êtes que l'avant-garde du grand peuple; s'il est nécessaire, il se lèvera tout entier à ma voix pour confondre et dissoudre cette nouvelle ligue qu'ont tissue la haine et l'or de l'Angleterre.

« Mais, soldats, nous aurons des marches forcées à faire, des fatigues, des privations de toute espèce à endurer. Quelques obstacles qu'on nous oppose, nous les vaincrons, et nous ne prendrons pas de repos que nous n'ayons planté nos aigles sur le territoire de nos ennemis. »

L'empereur fit aussi une proclamation qu'il adressa aux soldats de l'électeur de Bavière, dans laquelle il leur recommandait de se montrer dignes de leur prince, et de la grande armée avec laquelle ils allaient combattre.

N. 15.

Le 6 octobre, le 4ᵉ corps rencontre l'ennemi à Donowerth. Ce bas-relief indique le moment où le régiment de Collorédo défend l'entrée du pont à la division commandée par l'intrépide Vandamme.

On distingue dans la perspective les murs de la ville.

La deuxième division du corps d'armée du maréchal Soult, commandée par Vandamme, étant arrivée, le 7, à 8 heures du soir, à Donawerth, eut l'honneur de porter les premiers coups à l'armée autrichienne. Elle culbuta le régiment de Collorédo, qui défendait le pont de la ville, lui tua une soixantaine d'hommes et fit cent cinquante prisonniers.

Le maréchal Soult, après avoir fait passer le pont, le passa lui-même pour se porter sur Augsbourg avec la division Vandamme et Legrand, tandis que celle du général Saint-Hilaire remontait le Danube par la rive gauche, pour observer le mouvement des troupes réunies autour d'Ulm, et rabattre ensuite dans la même direction que les deux autres divisions que nous venons de citer.

N. 16.

Le 8 octobre, le prince Murat bat l'ennemi à Wertingen.

L'artiste, dans ce bas-relief, a figuré le moment où ce maréchal, si terrible dans le combat, renverse, culbute l'infanterie ennemie, qui veut s'opposer à son passage : à l'une des extrémités on remarque des cavaliers autrichiens qui rendent leurs armes aux vainqueurs.

Le prince Murat se mit en marche de Kain, où il avait couché la veille avec les divisions de dragons des généraux Klein et Beaumont, et celle du général Nansouty, formée de la brigade de carabiniers et d'une brigade de cuirassiers, pour couper la route d'Ulm à Augsbourg. — Arrivé à Wertingen, sur la rive gauche de la Zusam, Murat, ayant eu connaissance d'une forte division d'infanterie ennemie, composée de douze bataillons de grenadiers et soutenue par quatre escadrons du régiment d'Albert (cuirassiers), manœuvra sur le champ pour envelopper ces troupes ; par un habile mouvement qu'exécuta la division du général Nansouty, toute l'infanterie autrichienne se trouva enveloppée ; mais le général qui commandait cette colonne, arrivant à marches forcées du Tyrol, pour renforcer l'armée de Bavière, ne se déconcerta point à la vue du danger qui le menaçait, et fit former ses bataillons en un vaste carré, flanqué à droite et à gauche par deux escadrons de cuirassiers d'Albert. — Le combat s'engage bientôt, et pendant bien long-temps la vigueur de la résistance fut égale à celle de l'attaque.

Les régiments de dragons se signalèrent à l'envi: le colonel Maupetit, chargeant à la tête du 9ᵉ régiment, qu'il commandait, reçut une blessure qui fit long-temps craindre pour sa vie. Le 1ᵉʳ régiment fondit sur les cuirassiers d'Albert avec la plus grande impétuosité. Le colonel Arrighi eut deux chevaux tués sous lui ; il serait tombé au pouvoir de l'ennemi sans le dévouement et la brillante valeur de ses dragons. — Le colonel du 10ᵉ régiment de hussards, Beaumont, en chargeant également les cuirassiers autrichiens, fit prisonnier de sa main un capitaine de ce corps, après avoir tué plusieurs cavaliers ; enfin, après deux heures du plus vif engagement, les cuirassiers d'Albert étant culbutés et renversés, le carré ennemi fut enfoncé, sabré et mis dans une complète déroute.

N. 17.

Le 8 octobre, entrée des français à Wertingen.

On voit dans la première partie de ce bas-relief le prince Murat en avant des siens. La seconde partie est l'enceinte de la ville, où l'on transporte les blessés, entre autres le colonel Maupetit. On découvre aussi, sur un des côtés, les habitants s'empressant autour de nos soldats. La partie opposée présente l'entrée des prisonniers.

La division du général Lannes, après avoir passé le Danube à Donawerth, avait suivi le mouvement des divisions de cavalerie du prince Murat. — Le général Marchand, avec la division des grenadiers d'Oudinot qui faisait tête de colonne, n'a pu envoyer qu'une brigade pour prendre part à l'action dont nous venons de rendre compte ; mais la vue de ce renfort important n'avait pas peu contribué à accélérer la retraite de l'ennemi. Poursuivi avec chaleur, le corps autrichien abandonna dans sa fuite son artillerie, et la plus grande partie de ses drapeaux tombèrent aussi au pouvoir des Français, qui firent prisonniers deux lieutenants-colonels, six majors, soixante officiers, et près de quatre mille soldats; tout ce qui n'avait pas été tué ou pris, ne dut son salut qu'à un marais qui arrêta la marche de la seconde brigade des grenadiers d'Oudinot, que ce général avait fait avancer au pas de charge pour tourner la colonne des fuyards.

Immédiatement après le combat de Wertingen, Murat continua son mouvement, et se porta au village de Zursmershausen, situé sur la route d'Ulm à Augsbourg : la division Suchet ayant rejoint celle d'Oudinot, le maréchal Lannes suivit la réserve de cavalerie, et vint prendre position, le 9 au soir, au même village; il rencontra à Aichach les débris de la colonne autrichienne battue et dispersée à Wertingen, les chassa de ce village, et entra le 9 à Augsbourg.

N. 18.

Le 9 octobre, le 4ᵉ corps fait son entrée dans la ville d'Augsbourg.

Ce bas-relief indique des grenadiers portant des aigles ; une colonne d'infanterie les suit. La ville d'Augsbourg est figurée dans le fond, où l'on distingue sur le pont une statue ou madone auprès de laquelle se trouve placée une croix.

N. 19.

Les 8 et 9 octobre, les 2ᵉ et 3ᵉ corps passent le Danube à Neubourg. Ce fleuve est couvert de bateaux dans lesquels on distingue des officiers et des soldats de différentes armes. Sur les bords du fleuve sont groupés des cavaliers se disposant à franchir la planche des bateaux qui doivent servir à l'embarcation de leurs chevaux.

Les 2ᵉ et 3ᵉ corps passent le Danube à Neubourg. Le maréchal Davoust, arrêté dans sa marche par les difficultés du terrain, n'avait pu arriver que le 8 à Neubourg ; dans la soirée du lendemain, les trois divisions de ce corps remplacèrent les troupes du maréchal Soult à Aichach.

Le général Marmont, après avoir passé le Danube, se porta sur le même point avec les divisions Boudet et Grouchy et la division batave du général Dumonceau, et prit position entre Aichach et Augsbourg : Le corps d'armée du général Bernadotte et les divisions bavaroises Deroi et de Wrede, arrivèrent le 10 à Eischstadt et vinrent ensuite prendre position à Ingolstadt : la garde impériale, sous les ordres du maréchal Bessières, se rendit à Augsbourg ainsi que la division de cuirassiers du général d'Hautpoult : l'ensemble de ces mouvements préparait habilement l'entière défaite de l'armée autrichienne en Souabe.

N. 20.

Le 9 octobre, attaque et prise du pont de Guntzbourg.

Ce bas-relief offre dans toute son étendue le pont de Guntzbourg, au moment où il est envahi par nos grenadiers ; des soldats et des sapeurs du génie transportent des charpentes pour rétablir le pont qui vient d'être rompu par les boulets de l'ennemi ; des tirailleurs et fantassins sont sur des pièces de bois pour tirer sur des artilleurs qui desservent la batterie qui nous défend le passage du pont ; à l'extrémité sont des voltigeurs qui s'emparent d'une pièce de canon ; pendant cette action, un peloton de grenadiers pénètre sous la porte de la ville.

La concentration d'une grande partie des forces ennemies sur Guntzbourg devait rendre l'attaque sur ce point extrêmement sérieuse : car, dans la direction donnée aux différents corps de l'armée française, celui que commandait le maréchal Ney, chargé par Napoléon de marcher sur Ulm, se trouvait inférieur en nombre à la masse qui lui était opposée : mais l'intrépide maréchal attaqua le général autrichien Mack au même moment où celui-ci se disposait à marcher sur lui.

Nous avons dit que le corps du maréchal Ney, composé des divisions Dupont, Malher, Loison, Gazan, et de la division de dragons à pied sous les ordres du général Baraguay-d'Hilliers , se trouvait le 6 octobre à Kossingen et aux environs; le maréchal avait ensuite remonté le Danube, et tandis qu'avec le gros de ses troupes il attaquait directement la position de Grumberg, le général Loison se portait sur Langenau, et le général Malher sur Guntgbourg. Les Autrichiens s'opposèrent vigoureusement à ce mouvement offensif, mais ils furent culbutés sur tous les points. L'archiduc Ferdinand accourut en personne pour défendre Guntzbourg que le général Malher faisait attaquer par le 59e régiment, qui perdit dans cette action son colonel, Gérard Lacuée , aide-de-camp de l'empereur, officier de la plus haute espérance : le pont fut emporté par les Français après une forte résistance; les pièces de canon qui le dé-fendaient furent enlevées, et Guntzbourg resta au pouvoir des Français (1).

____

(1) Dans la journée du 9 novembre, Napoléon avait fait quatorze lieues sans s'arrêter , par des chemins et un temps affreux, et il était venu coucher, avec une faible escorte de chasseurs de sa garde, sans suite et sans bagages, dans un mauvais village, tandis que l'évêque d'Augsbourg, qui l'attendait, avait fait de grands préparatifs pour le recevoir dans son palais.

N. 21.

Le 9 octobre, l'empereur distribue des honneurs sur le pont de Zursmershausen.

Sa majesté est au milieu d'un groupe de dragons, officiers et soldats, auxquels il adresse quelques-unes de ces paroles que ces braves savaient si bien comprendre : à quelques pas du pont, on remarque un porte-étendard précédé d'un trompette.

Napoléon établit son quartier-général à Zursmeshausen et y passa en revue la cavalerie de Murat, ainsi que les deux divisions Oudinot et Suchet. C'est dans cette revue que le dragon Marente fut présenté à l'empereur. Le matin, le chef d'escadron Excelmans, aide-de-camp du prince Murat, ayant apporté les drapeaux pris au combat de Wertingen, l'Empereur lui avait dit : « *Je sais qu'on ne peut être plus brave que vous, je vous fais officier de la légion-d'honneur.* »

L'empereur se fit présenter par chaque régiment un dragon, auquel il donna également la décoration d'honneur, en témoignant à chacun de ces régiments sa satisfaction de leur bonne conduite.

Les grenadiers du maréchal Oudinot participèrent aussi à ses récompenses, et l'empereur loua leur courage et leur belle tenue (1).

N. 22.

Le 10 octobre, l'empereur arrivait à Augsbourg ; il est représenté sur son cheval de bataille. Il fait halte à la descente du pont de Lech, où il reçoit du 2ᵉ corps le serment de vaincre ; derrière lui sont les grenadiers de sa garde ; au centre de ce bas-relief on distingue la ville d'Augsbourg.

Le 10 octobre, Napoléon avait rencontré le corps d'armée du général Marmont au pont de Lech, à l'instant de son passage ; faisant alors

---

(1) Marente, brigadier au 4ᵉ régiment de dragons, venait d'être cassé par un capitaine pour une légère faute contre la discipline. Ce même capitaine, en combattant, tomba dans la rivière ; il était en danger de se noyer, lorsque Marente se précipita et le ramena sain et sauf sur la rive. L'empereur, instruit de cette action généreuse, se fit présenter le dragon, et lui témoigna sa satisfaction. « Je n'ai fait que mon devoir, dit Marente ; mon capitaine m'a puni parce que je l'avais mérité ; mais, en m'enlevant mon grade, il n'a pas dû oublier que j'avais toujours été bon soldat. »

L'empereur fit le brigadier déchu maréchal-des-logis, et lui donna l'étoile de la légion-d'honneur.

former le cercle aux régiments ; il les harengua à la manière des empereurs romains. Il leur parla de la situation de l'ennemi, de l'imminence d'une grande bataille, et de la confiance qu'il avait en leur valeur et en leur dévouement. Cette harangue avait lieu par un temps affreux, mais l'empereur n'en fut pas moins écouté avec un religieux silence, qui ne fut rompu que lorsqu'il eut cessé de parler, par des acclamations unanimes et des cris belliqueux.

N. 23.

Le 13 octobre, le 4ᵉ corps arrive devant Memmingen. L'artiste a représenté une charge faite par un escadron de dragons sur des fantassins ennemis qui sont renversés par le choc de cette cavalerie. Le maréchal Soult est au centre du bas-relief, ce brave général, par son attitude grave et martiale, donne l'exemple du courage à ses soldats.

Cette place, que le général Mack avait fait fortifier autant que les circonstances le lui avaient permis, était défendue par un certain nombre de bouches à feu et une garnison assez forte. Toutefois, les Autrichiens étaient déjà si découragés par les premiers revers de leur armée que, après 24 heures d'investissement, ils consentirent à capituler.

Cette capitulation fut arrêtée et signée le 14 octobre, entre le général Soligny, chef d'état-major-général du 4ᵉ corps de la grande armée, et le général-major comte de *Spaugen*, commandant de Memmingen.

N. 24.

Le 13 octobre, le maréchal Soult cerne et prend une division ennemie dans Memmingen.

Ce bas-relief est remarquable par l'attitude de chaque artilleur prêt à mettre le feu aux pièces au moment où un trompette annonce du haut des remparts la capitulation de la ville. Sous les remparts sont placés des généraux autrichiens adressant des paroles pacifiques aux généraux français.

La garnison, formée de neuf bataillons d'infanterie dont deux de grenadiers, resta prisonnière de guerre; les officiers, conservant leurs armes, leur chevaux et leurs équipages, eurent la permission de se retirer dans leurs foyers sous parole de ne reservir qu'après échange, grade pour grade.

La place de Memmingen, sur la défense de laquelle Mack comptait beaucoup pour ses opérations ultérieures, renfermait, outre dix pièces de canon, un gr and nombre de bagages et de munitions de guerre. La prise de cette ville était un heureux présage du sort qu'allait éprouver le gros de l'armée autrichienne.

N. 25.

Le 11 octobre, 6,000 Français cernés à Albeck par 25,000 Autrichiens, battent l'ennemi, et lui font 1,500 prisonniers.

Plusieurs bataillons de voltigeurs et du centre exécutent des feux de file et de peloton bien nourris.

Ce bas-relief indique un engagement très-vif : on a cherché à présenter à l'œil l'effet d'un bataillon carré.

Les troupes ennemies qui occupaient le camp retranché devant Ulm essayèrent de faire une trouée en attaquant la division du général Dupont, qui était en position à Albech sur la rive gauche du Danube ; le combat fut très vif et très opiniâtre. Toutefois, les 4e régiment et 9e d'infanterie légère, les 32e, 69e et 96e de ligne, formant la division Dupont, réussirent à tenir tête aux 25,000 hommes qui leur étaient opposés. Presque cernés sur tous les points , ces 6,000 hommes firent face à tout, et 1,500 prisonniers restèrent en leur pouvoir. Cette action fit le plus grand honneur au général Dupont, qui y développa la plus grande habileté et du sang-froid. Le colonel du 96e de ligne (Barrois) fut cité d'une manière toute particulière dans le rapport fait à l'empereur , qui le nomma quelque temps après commandant de la légion-d'honneur.

Napoléon vint le 13 au quartier-général du maréchal Ney, et ordonna de resserrer encore plus l'armée ennemie, en s'emparant du pont et de la position d'Elchingen.

N. 26.

Le 14 octobre, le maréchal Ney force le pont d'Elchingen, et enlève la position de l'abbaye.

La première partie de ce bas-relief indique le maréchal Ney poursuivant l'ennemi. — La deuxième, au centre, retrace la prise du pont par nos grenadiers, qui, à la baïonnette, forcent l'ennemi à leur abandonner le passage. — Dans la troisième partie, on remarque le commandant Dumont, gravement blessé ; un groupe d'habitants du voisisinage l'entoure , et semble se disposer à le transporter dans leur maison. — Plus loin, est engagé un combat aussi opiniâtre que meurtrier ; une palissade sépare les combattants, un officier s'est élancé un des premiers sur les retranchements ; où il se saisit d'un soldat ennemi, le reste des troupes autrichiennes ne trouve de salut que dans une prompte fuite.

A la pointe du jour, le maréchal Ney attaque le pont d'Elchingen avec la division Loison.— L'ennemi occupait la position au nombre de 15 ou 16 mille combattants. Le pont fut enlevé et traversé par les Français au pas de course. Le 69ᶜ régiment de ligne , qui le premier avait forcé le passage , s'étant déployé sous le feu même des Autrichiens avec un ordre et un sang-froid admirables , commença l'attaque, et fut soutenu par le 76ᵉ d'infanterie , le 18ᵉ de dragons et le 10ᶜ de chasseurs, dont le colonel Auguste Colbert eut son cheval tué sous lui: ses quatre régiments rivalisèrent d'intrépidité et de dévouement ; repoussés dans deux charges différentes, ils recommencèrent une troisième attaque avec une nouvelle fureur. Enfin, après quatre heures d'un combat meurtrier, l'ennemi, culbuté à la troisième charge , abandonna la position d'Elchingen , et fut poursuivi jusque

dans les retranchements établis en avant d'Ulm.
Un major-général, 3,000 hommes faits prisonniers, et quelques pièces d'artillerie, furent le résultat matériel de cette brillante journée, qui
valut, quelque temps après la campagne, au maréchal Ney le titre de duc d'Elchingen.

N. 27.

Le 14 octobre, le fossé de la porte de la
ville d'Ulm fut attaqué par nos chasseurs à
pied, qui se précipitèrent au pas de charge
sur les Autrichiens ; un de ces derniers est
aux prises avec un officier français qu'il a
saisi aux cheveux, le soldat ennemi est sur
le point de lui ôter la vie, lorsqu'une balle
meurtrière l'atteint et le renverse.

Dans le fond du bas-relief on découvre la
ville d'Ulm, défendue par des grenadiers
hongrois qui, du haut des remparts, entre-
tiennent un vigoureux feu de mousque-
terie.

Pendant l'attaque de la position d'Elchingen ,
le maréchal Lannes avait occupé les hauteurs qui
dominent la plaine au-dessus du village de Psulh.
Les artilleurs attaquèrent et enlevèrent la tête du
pont de la ville d'Ulm , et semèrent la confusion
parmi les troupes qui étaient dans la place ; au

même moment le prince Murat manœuvrait avec les divisions de dragons des généraux Klein et Beaumont, et culbutait tous les partis de cavalerie ennemie qu'il rencontrait.

N. 28.

Le 15 octobre, l'empereur arrive devant Ulm.

Sa Majesté est au centre du bas-relief, entourée de ses généraux ; elle est accueillie par les acclamations des soldats, que l'espoir d'une prochaine bataille remplit d'enthousiasme.

Napoléon crut devoir épargner à ces troupes qui étaient devant Ulm, les périls d'une attaque de vive force; connaissant du reste la situation critique où se trouvait l'armée autrichienne, il envoya un officier pour annoncer qu'il désirait avoir un entretien avec le prince de Lichtenstein, général-major, qu'il savait être renfermé dans la place : le prince s'empressa de se rendre à l'invitation du monarque français, et vint au quartier-général. Napoléon lui fit un accueil distingué, et lui dit que connaissant le déplorable état où se trouvait l'armée autrichienne, il l'avait fait appeler pour l'engager à employer son crédit auprès de l'archiduc Ferdinand et du général Mack, afin de les déterminer à prendre un parti qui épar-

gnât aux troupes renfermées dans Ulm, et aux
habitants de cette ville, les suites terribles d'une
prise d'assaut. Il lui cita l'exemple de Jaffa, dont
la garnison avait été passée au fil de l'épée, et les
maisons mises au pillage : tristes résultats de l'ob-
stination du scheick Abou-Saab...

N. 29.

Le 15 octobre, attaque et prise de Mi-
chelsberg. La moitié de ce bas-relief représente une colonne d'infanterie se précipi-
tant à la baïonnette sur les avancées de Mi-
chelsberg.

Un groupe de sapeurs renverse à coups
de hache une palissade défendue par des
pièces d'artillerie. Dans la deuxième partie
on distingue les soldats autrichiens fuyant
à l'approche de nos troupes. Le premier
plan présente un terrain jonché de blessés,
de morts et de mourants.

N. 30:

Le 19 octobre, le général Werneck et sa
division sont faits prisonniers.

Le général est représenté rendant son
épée au prince Murat en présence de son

état-major. — Le reste du bas-relief se compose de différents groupes, cavalerie et infanterie, amenant leurs prisonniers à leurs officiers.

Le 18 octobre, Murat se porta de Néreshein sur Nordlingen, poursuivant toujours le corps de Werneck, qu'il parvint à entourer ; ses troupes, qui avaient perdu plus de 4,000 hommes dans deux combats qu'elles avaient eu à soutenir à Langenau et à Néreshein, harassées par la vive poursuite de la cavalerie française, n'étant plus en état d'opposer de résistance, le général qui les commandait demanda à capituler. Il avait avec lui Nossenzollern et Baillet, les généraux Wogels, Milkicry, Hohenfeld, Weiller et Dieuresberg.

La capitulation eut lieu aux conditions suivantes et arrêtées à Trochtelfingen, entre le général de division Belliard, chef de l'état-major-général du prince Murat, et le général Werneck.

1° Que le corps d'armée autrichien déposerait les armes, serait prisonnier de guerre et envoyé en France.

2° Que les officiers généraux et officiers particuliers seraient prisonniers sur parole et renvoyés en Autriche, ne pouvant servir contre les armées françaises, ou contre celles des alliés de la France, qu'après avoir été échangés.

3° Que les chevaux de la cavalerie, les canons

avec leur attelage, ainsi que les caissons et munitions, seraient remis à l'armée française.

4° Que tous les régiments, bataillons, escadrons, détachements du corps d'armée du lieutenant-général Werneck et qui pourraient s'en trouver séparés dans ce moment, seraient également prisonniers de guerre, et que les conditions présentes leur seraient applicables.

5° Que tous les chevaux et équipages d'officiers généraux et particuliers leur seraient laissés.

6° Enfin, que tous les prisonniers de guerre français qui pourraient se trouver dans les lieux occupés par les troupes du général Werneck seraient rendus sur-le-champ.

N. 34.

Le 17 octobre, le maréchal Berthier reçoit la capitulation d'Ulm.

Sur le plan le plus élevé de ce bas-relief, on remarque le maréchal Berthier, suivi de son état-major, recevant des mains du général Mack la capitulation d'Ulm. Au pied des remparts et sur le premier plan, des groupes d'artilleurs assis sur leurs pièces.

Le maréchal Berthier s'étant rendu dans la place d'Ulm, le 17 octobre, arrêta avec le feld-maréchal-quartier-maître-général Mack, la capitulation suivante :

Art. 1ᵉʳ. La place d'Ulm sera remise à l'armée française avec tous ses magasins et artillerie.

Art. 2. La garnison sortira de la place avec les honneurs de la guerre, et après avoir défilé, elle remettra les armes. MM. les officiers seront renvoyés sur parole en Autriche, et les soldats et sous-officiers seront conduits en France, où ils resteront jusqu'à parfait échange.

Art. 3. Tous les effets appartenant aux officiers leur seront laissés, et les caisses des régiments aussi.

Art. 4. Les malades et les blessés autrichiens seront traités comme les malades et les blessés français.

Art. 5. Si jusqu'au 25 octobre à minuit inclusivement, des troupes autrichiennes ou russes débloquaient la ville de quelque côté que ce soit, la garnison sortira librement avec ses armes, son artillerie et la cavalerie pour joindre les troupes qui l'auront débloquée.

Art. 6. Une des portes de la ville d'Ulm (la porte de Stuttgard) sera remise à 7 heures du matin à l'armée française, ainsi qu'un quartier suffisant pour pouvoir contenir une brigade.

Art. 7. L'armée française pourra faire usage du grand pont du Danube et communiquer librement d'une rive à l'autre (*N. B·* Comme ce pont est brûlé on fera l'impossible pour le refaire.)

Art. 8. Le service sera réglé de part et d'autre de manière à ce qu'il ne se commette aucun désordre, et que tout soit dans la meilleure harmonie entre les deux armées.   5*

Art. 9. Tous les chevaux de cavalerie, d'artillerie, de charrois, appartenant à sa majesté l'empereur d'Autriche et roi de Hongrie, seront remis à l'armée française.

Art. 10. Les articles 1, 2, 3, 4, 5, 6, 7, 8 et 9 n'auront leur exécution que lorsque le voudra M. le général commandant en chef l'armée autrichienne, pourvu que cela ne puisse dépasser le 3 brumaire an 14 (22 octobre 1805) avant midi ; et si à cette époque une armée assez forte se présentait pour faire lever le blocus, la garnison serait libre, conformément à l'article 5, de faire ce qu'elle voudrait.

N. 32.

20 octobre. Départ de la garnison autrichienne d'Ulm.

Dans la première partie de ce bas-relief, la garnison sort de la ville, rend les armes, et forme les faisceaux sur les glacis de la place. — La seconde indique la cavalerie de toutes armes, remettant ses chevaux et ses armures : et enfin la troisième et dernière, la sortie des prisonniers et le matériel de l'armée ennemie, que nos troupes conduisent en France.

1,500 officiers et 30,000 hommes sortent d'Ulm, posent les armes et se rendent en France.

Les troupes renfermées dans Ulm et à Trochtelfingen défilent le 20 octobre, depuis 2 heures
après-midi jusqu'à 7 heures du soir, au nombre
de 30,000 hommes, dont 2,000 de cavalerie;
soixante pièces de canon et quarante drapeaux
furent remis entre les mains des vainqueurs;
l'armée française était en bataille sur les hauteurs
de la ville.

N. 33.

20 octobre. On remarque sur le premier
plan de ce bas-relief, l'empereur, entouré
de son état-major général, recevant le feld-
maréchal Mack, ayant à sa suite seize généraux qui déposent leur épée.

L'empereur entouré de sa garde, fit appeler les
généraux autrichiens au nombre de seize, y com-
pris le général en chef Mack (8 lieutenants-gé-
néraux ou feld-maréchaux et 8 généraux majors).
Il les tint auprès de lui jusqu'à ce que les troupes
eussent défilé, et leur témoigna les plus grands
égards. « Messieurs, leur dit-il, l'empereur votre
maître me fait une guerre injuste : je vous le dis
avec franchise, je ne sais pourquoi je me bats, je
ne sais ce qu'on veut de moi. » Et leur montrant
les troupes françaises rangées en bataille sur les
hauteurs : « Ce n'est pas dans cette seule armée

que consistent mes ressources; cela serait-il vrai, je ferais bien du chemin avec cette même armée; mais j'en appelle au rapport de vos soldats prisonniers qui vont traverser la France; ils verront quel esprit anime mon peuple, et avec quel empressement il viendra se ranger sous mes drapeaux; voilà l'avantage de ma nation et de ma position, avec un mot 200,000 hommes de bonne volonté accourront près de moi et en six semaines seront de bons soldats; au lieu que vos recrues ne marcheront que par force, et ne pourront, qu'après plusieurs années, faire des soldats.

« Je donne encore un conseil à mon frère l'empereur d'Allemagne : qu'il se hâte de faire la paix, c'est le moment de se rappeler que tous les empires ont un terme ; l'idée que la fin de la dynastie de la maison de Lorraine serait arrivée doit l'effrayer. Je ne veux rien sur le continent. Ce sont des vaisseaux, des colonies, du commerce que je veux, et cela vous est avantageux comme à nous. » Le général Mack répondit à Napoléon que l'empereur d'Allemagne n'aurait pas voulu la guerre, mais qu'il y avait été forcé par la Russie. « En ce cas, reprit l'empereur des Français, vous n'êtes donc plus une puissance. »

N. 34.

On remarque dans ce bas-relief une superbe et ingénieuse allégorie, dédiée à la gloire de l'empereur Napoléon.

La victoire inscrit sur un bouclier l'histoire de cette première partie de la campagne. On lit sur le bouclier : « Capitulation d'Ulm. »

N. 35.

Le 24 octobre, l'empereur fait son entrée dans Munich au milieu des acclamations réitérées des habitants. Sa Majesté est entourée de son état-major : elle reçoit les félicitations des premiers mrgistrats de la ville. Le reste du bas-relief est occupé par des soldats chargés de trophées, emblêmes de la victoire qu'ils viennent de remporter sur l'ennemi.

Napoléon se rendit à Munich le 24 octobre, et y fit son entrée à neuf heures du soir. Tout était préparé dans cette capitale pour y recevoir le libérateur de la Bavière : la ville entière était entièrement illuminée, et les maisons étaient décorées d'emblêmes ingénieux qui exprimaient l'admiration et la gratitude des habitants. La cour de l'électeur, les autorités administratives et le corps diplomatique accrédité près de Sa Majesté furent présentés le lendemain à l'empereur, qui leur fit l'accueil le plus obligeant, et les entretint long-temps des intérêts de leur pays. L'électeur

Maximilien-Joseph était encore à Augsbourg et n'arriva que quelques jours après.

N. 36.

Le 27 octobre, le 1ᵉʳ corps passe l'Inn devant Wasserbourg.

Ce bas-relief offre le tableau mouvant du passage de l'Inn par nos troupes, qu'une partie effectue dans des barques, et l'autre sur un pont de bateaux.

La journée du 27 octobre fut employée à réparer, sous la protection de l'artillerie, les ponts de Wasserbourg et de Rossenheim. Quelques bataillons français et bavarois ayant réussi à passer l'Inn, l'ennemi se retira avec précipitation, ce qui permit aux colonels Morio et Somis d'activer le rétablissement des deux ponts que nous venons de nommer. Le corps d'armée passa en entier sur la rive droite le 28 après-midi, et s'établit le soir à Altenmarckt. Le lendemain, les troupes bavaroises occupèrent Traustein et Lussendorf. L'avant-garde poussa jusqu'à Dorfpating : le maréchal établit son quartier-général à Wegin ; une division d'infanterie et les cuirassiers du général d'Hautpoult marchèrent sur Dettenaingf afin de remonter ensuite la Salzach par la route de l'Auffen, vers Salzbourg.

N. 37.

Le 28 octobre, le 3ᵉ corps traverse l'Inn à Muhldorf, sous le feu de l'ennemi en surmontant les obstacles naturels du terrain, qui sont indiqués par de grosses masses de rochers.

L'ennemi, qui avait détruit le pont de Muhldorf, était retranché sur la ligne droite de l'Inn, où il avait établi des batteries dans des positions avantageuses. Le maréchal, après avoir fait, avec les officiers du génie; les reconnaissances nécessaires, fit travailler avec tant d'activité au rétablissement du pont, sous la protection de son artillerie, que le lendemain, à midi, une partie du corps put effectuer son passage. Le 1ᵉʳ régiment de chasseurs, qui se trouva le premier sur la rive droite, chargea avec impétuosité sur les ennemis qui tenaient encore, leur tua une vingtaine d'hommes, et fit cinquante prisonniers, parmi lesquels se trouvait un capitaine de hussards.

N. 38.

Le 29 octobre, l'empereur entre à Braunau (clef de l'Autriche).

Sur ce bas-relief, l'empereur est représenté indiquant au général du génie les travaux que l'on doit exécuter pour mettre cette ville en état de défense. — Des sapeurs et soldats du génie sont occupés aux travaux des palissades.

Le maréchal Lannes trouva dans Braunau 40,000 rations prêtes à être distribuées, et plus de 1,000 sacs de farine. L'artillerie de la place consistait en 45 pièces de canon avec un double affût de rechange et un certain nombre de mortiers et obusiers approvisionnés pour 40,000 coups.

L'ennemi avait également abandonné 100 milliers de poudre, une-très grande quantité de cartouches, du plomb en balles, d'autres munitions, et 1,000 fusils. Napoléon, arrivé dans cette ville le 30 octobre, en fit le dépôt au grand quartier-général de l'armée, et nomma pour gouverneur le général Lauriston, qui revenait de Cadix, où il était débarqué après avoir assisté au funeste combat de Trafalgar.

N. 39.

Le 1er novembre, le 3e corps passe la Traun à Lambach.

Chaque côté de ce bas-relief représente la défense du passage du pont, où l'ennemi s'est empressé de mettre le feu : des officiers et des soldats, voulant suivre l'exemple de leur intrépide chef, se précipitent avec tant d'impétuosité, que plusieurs d'entre eux sont victimes de leur empressement en tombant dans le fleuve qui les engloutit.

En se retirant de Lintz, l'ennemi avait laissé dans Ebersberg un détachement de 400 hommes pour retarder le passage de la Traun; mais le général Water, que Murat avait dirigé de ce côté, ayant fait passer, sous la protection de son artillerie légère, un certain nombre de dragons dans des bateaux, pour attaquer la ville, l'ennemi se retira avec précipitation.

N. 40.

2 novembre. Prise d'Ebersberg. Des dragons se précipitent dans des barques pour effectuer le passage de cette rivière qui les sépare de la ville : un de nos soldats est seul dans une barque, pour indiquer le point de débarcation.

La division traversa, le 2 novembre, la rivière, sur le pont qui n'était plus défendu, et se porta de suite sur Ens. La brigade du général Milhaud rencontra l'ennemi au village d'Asten, le culbuta, le poursuivit jusque dans Ens, et lui fit 200 prisonniers, parmi lesquels se trouvaient 50 hussards russes.

N. 41.

Le 3 novembre, le 5e corps entre à Lintz.

Ce bas-relief, dans toute son étendue, représente le défilé d'une colonne d'infanterie sur le pont de Lintz. — Cette colonne est précédée d'une pièce d'artillerie attelée de ses chevaux.

L'empereur, qui s'était porté de Ried à Lambach, se rendit ensuite à Lintz. Le corps du maréchal Soult, parti de Welz, marcha directement sur Steyer.

N. 42.

Le 5 novembre, le maréchal Murat, avec son corps, ayant passé l'Inn à Muhldorf, bat l'armée russe à Amstettin.

On remarque, sur ce bas-relief, des grenadiers s'emparant d'une batterie ennemie ; à peu de distance et derrière cette colonne, des cuirassiers foncent également sur les Autrichiens.

Le général Kutusow, n'espérant pas sans doute pouvoir défendre avec succès la rive de l'Ens, qui était cependant la seule qui lui restait pour couvrir la capitale de l'Autriche, s'était hâté de l'évacuer à l'arrivée des premières colonnes françaises sur cette rivière ; et, en se retirant par la grande route de Lintz à Vienne, il avait fait prendre position à son armée sur les hauteurs d'Amstettin. Mais immédiatement après la prise de la ville d'Ens, le prince Murat s'était avancé dans cette même direction avec sa cavalerie légère et la division de grenadiers du général Oudinot, détachée du corps du maréchal Lannes.

Lorsqu'il eut reconnu la position de l'ennemi, et après quelques engagements entre sa cavalerie et celle des Russes, Murat fit avancer la division de grenadiers, que le général Oudinot forma en plusieurs colonnes d'attaque. Les Austro-Russes opposèrent d'abord une résistance assez opiniâtre ; mais Oudinot ayant ordonné une charge générale à la baïonnette, l'ennemi fut culbuté sur tous les points, et laissa 400 morts sur le champ de bataille , et 300 prisonniers tombèrent entre les mains des vainqueurs. Il fut poursuivi par le 9e et le 10e de hussards, qui lui firent encore 1,500 prisonniers.

Cet échec accéléra la retraite de l'armée Austro-Russe ; les ponts qu'elle avait coupés sur la rivière d'Ips furent promptement réparés, et Murat, continuant sa poursuite, arriva le 7 jusque dans les murs de l'abbaye de Molck que venait de quitter l'empereur d'Autriche : le lendemain , il établit son quartier-général dans cette même abbaye et poussa ses avant-postes sur Saint-Polten.

N. 43.

5 novembre. Ce bas-relief représente l'entrevue de l'empereur Napoléon avec l'électeur de Bavière ; à l'instant où ce dernier descend de voiture, l'empereur lui présente sa main, signe qui indique l'amitié qui existait entre ces deux monarques.

Dans le groupe de cavaliers qui entoure la voiture du prince, on distingue le mameluck de l'empereur.

L'empereur, qui s'était porté de Ried à Lambach, se rendit ensuite à Lintz, que l'ennemi
avait abandonné, et y fut reçu par l'électeur de
Bavière.

N. 44.

Les 4 et 5 novembre, le 6ᵉ corps s'em-
pare du Tyrol ; on découvre, dans le fond
du bas-relief, le fort de Luestach, qui s'é-
tait rendu après une faible résistance. —
Sur le devant, l'artiste a fait allusion au
combat de Scharnitz, passage difficile dans
les montagnes, que l'art et la nature avaient
fortifié.

Napoléon, avant de quitter Augsbourg, avait
dirigé le maréchal Ney avec son corps d'armée sur
Landsberg, à l'effet de faire une invasion dans le
Tyrol, et de s'emparer de ce pays ; le maréchal,
après avoir marché par Deissen, Pollingen, Mur-
nau et Wecderfels, était arrivé à Gormischgan,
le 3 novembre, d'où il s'était porté ensuite sur
Luestach. La division du général Loison investit ce
poste fortifié, fit capituler 300 hommes qui le dé-
fendaient, et marcha ensuite sur Seifeld, village
situé en avant du pas de Scharnitz, que le maréchal voulait attaquer : le 5 novembre, à 2 heures
du matin, le général Loison dirigea sur le front de
Scharnitz deux colonnes, dont l'une devait tourner
ce poste, tandis que la seconde attaquerait le
front. Le 69ᵉ régiment, qui formait cette colonne

et qui s'était bien distingué au combat d'Elchingen, trouva sur son passage des obstacles qui eussent paru insurmontables à tous autres qu'à de
tels braves; pour les vaincre, il fallut escalader
des rochers à pic, qui avaient plusieurs centaines
de pieds de hauteur; les soldats, leur havre-sac
sur leur tête pour parer l'effet des balles ou plutôt
des pierres qui pleuvaient sur eux de toutes les
sommités, à couvert sous cette espèce de bouclier, gravirent les rochers en saisissant les
pointes, les arbutes et les racines, et en enfonçant
leurs baïonnettes dans les crevasses. Arrivé ainsi
sur le plateau où se trouve situé le front, au milieu d'une grêle de balles et de mitraille qui par-
taient des remparts, le 69$_e$ s'y forma et s'avança
ensuite sous les murs, qui furent escaladés. Ils ne
trouvèrent qu'une centaine de chasseurs tyroliens
et quelques habitants; le reste des troupes avait
pris le parti d'évacuer la place pour se retirer sur
Inspruck. En opérant ce mouvement, les Autrichiens rencontrèrent la dernière colonne que le
général Loison avait dirigée de ce côté pour leur
couper la retraite; le combat s'engage près d'un
monastère qui se trouvait sur la route, la colonne
française, inférieure en forces, était sur le point de
laisser le passage libre à ses adversaires, lorsque
le 69e régiment, qui venait de s'emparer de Scharnitz, et qui s'était aussitôt jeté à la poursuite de la
garnison fugitive, arriva sur le champ de bataille,
et changea la face du combat. La troupe autrichienne, prise entre deux feux, perdit tout son

avantage, entourée de toutes parts et privée de son chef désarçonné et fait prisonnier par le capitaine Genevel, elle fut forcée de mettre bas les armes et de subir la loi du vainqueur. 1,800 hommes, 1 drapeau, 16 pièces de canon attelées, furent les résultats immédiats de cette journée.

N. 45.

7 novembre. Ce bas-relief représente la remise des magasins d'Inspruck à nos généraux, des blessés autrichiens sont recommandés à la générosité française.

Marche du pas de Sharnitz. Le maréchal Ney accéléra la marche de ses troupes sur Inspruck, où il arriva le 7 novembre à cinq heures du soir. L'ennemi avait abandonné cette ville. Les Français y trouvèrent un arsenal rempli d'une artillerie considérable, 16,000 fusils et un grand approvisionnement de poudre.

N. 46.

7 novembre. Le principal motif de ce bas-relief consiste dans la présentation, par un officier du 76e, de deux drapeaux que ce régiment avait perdus dans une campagne précédente, sans que sa valeur pût en être accusée. La joie qu'en éprouvent ces soldats est difficile à dépeindre, il a fallu le talent de l'artiste pour donner à chacune de

ces figures le caractère énergique dont elles sont empreintes, à la vue des couleurs qui les ont tant de fois conduits à la victoire.

Le 76e régiment avait perdu, pendant la dernière campagne, deux drapeaux qui lui avaient été pris par l'ennemi dans le pays des Grisons; cette perte était depuis long-temps pour le corps entier, le motif d'une affliction profonde; et, bien que l'armée ne pût en accuser sa valeur constante, ces braves ne se regardaient pas moins comme entachés aux yeux de leurs camarades des autres régiments. Un officier de ce même 76e, en parcourant les salles de l'arsenal, reconnaît les deux enseignes, dignes objets d'un si noble regret. Avertis par lui, tous les soldats du régiment accoururent pour contempler ces trophées, que le corps entier vient de reconquérir, et dont ils ne peuvent disposer pour eux-mêmes, sans l'aveu du maréchal qui les commande. Une scène touchante et vraiment pittoresque s'offre alors aux regards de tous ceux que la curiosité avait attirés sur les pas du 77e. Les deux drapeaux sont entourés par des groupes immenses de ces dignes guerriers, qui se heurtent, se pressent, afin de pouvoir toucher ces enseignes qui les guidèrent si souvent à la victoire, qu'ils avaient perdues par une circonstance indépendante de leurs efforts, et qu'ils retrouvent par l effet de leur constance à braver de nouveaux dangers. Leur joie est muette, comme l'avait été leur douleur; elle ne s'exprime que par des larmes et des sanglots... Spectacle sublime, et qui ne peut être senti comme il doit l'être que par ceux qui savent apprécier les vertus militaires des Français.

Les drapeaux furent rendus au 76ᵉ régiment. En les recevant des mains des vainqueurs d'Elchingen, les vieux soldats jurèrent de ne les quitter désormais qu'à la mort. Ce serment fut répété par les jeunes conscrits, qui, étrangers à la perte de ces enseignes françaises, étaient fiers d'avoir contribué à les ravir à l'ennemi.

N. 47.

Le 9 novembre, le 5ᵉ corps et la réserve entrent à Saint-Polten. Ce bas-relief représente une masse de soldats de toutes armes qui, dans sa course précipitée, entraîne avec elle des soldats ennemis. Des cavaliers font franchir à leurs chevaux un monceau de morts et de blessés qui sont pêle-mêle sur le premier plan.

Le prince Murat, parti de Molk, arriva le 9 au matin à Saint-Polten, et dirigea de cet endroit le général Sébastiani avec sa brigade de dragons sur Vienne.

N. 48.

Le 8 novembre, l'empereur établit son quartier-général à l'abbaye de Molk.

L'empereur est à pied, entouré de son état-major général; un officier autrichien et les frères de l'ordre de l'abbaye l'attendent à la porte.

Mortier, n'ayant avec lui que les divisions Gazan et Dupont qui se suivaient à un jour de distance, pour joindre l'ennemi à Krems, était obligé de suivre le Danube par un chemin montueux et difficile. Sur de faux rapports, il s'engagea dans le défilé de Diernstein, et parvint à un petit bassin nommé Loiben, du village de ce nom, resserré de tous côtés entre le Danube et de hautes montagnes, derrière lesquelles étaient cachés les Russes.

N. 49.

11 novembre. Combat de Krems, près de Diernstein.

On remarque, au centre de ce bas-relief, les Français corps à corps avec l'ennemi. Nos grenadiers ont dégagé leurs baïonnettes, pour s'en servir comme de poignards et en frapper les Russes, l'espace ne leur permettant plus de s'en servir au bout du fusil. Dans cette horrible confusion, le feu est mis au village de Loiben par des Russes pour éclairer leur retraite précipitée.

La nuit du 10 au 11 novembre se passa tranquillement, et l'on n'aperçut qu'un petit nombre de feux sur le rideau qu'occupait l'ennemi ; mais le 11, à la pointe du jour, ce même rideau parut couronné par plusieurs bataillons, il en partit un feu très-vif d'artillerie : une ligne de tirailleurs ennemis descendait de la partie gauche des hauteurs, et engagea une forte fusillade avec les avant-postes français qui furent repoussés ; pendant ce temps, d'autres bataillons ennemis filaient par les bois qui donnent au-dessus de Diernstein.

Le général Gazan avait formé sa ligne et disputé vaillamment le terrain aux troupes qu'il avait devant lui ; à dix heures du matin, l'ennemi, afin sans doute d'attirer l'attention principale de ses adversaires, fit descendre plusieurs bataillons sur la gauche, comme pour se porter directement sur le rivage du Danube sur Loiben, mais le 103ᵉ régiment, qui formait la droite de la ligne française, attaqua cette colonne en flanc, la culbuta et lui prit trois pièces de canon. Le général ennemi. dirigeant alors une nouvelle colonne plus forte sur le même point, celle-ci parvint à atteindre Loiben, ce qui détermina le maréchal Mortier à faire porter deux bataillons du 100ᵉ entre ce village et un petit hameau situé sur le chemin de Diernstein à Loiben, pendant que quatre bataillons du 4ᵉ léger et du 103ᵉ, conduits par les colonels Bazancourt et Taupin, s'avançaient au-dessus de Loiben pour attaquer la colonne ennemie en flanc et en queue ; le major Henriod, qui conduisait les deux bataillons du 100ᵉ, les partagea en trois petites colonnes, tourna Loiben par la gauche, et chargea de front dans ce village par la rue et par les vergers le long du Danube, cette double manœuvre eut un plein succès; les Russes furent écrasés dans Loiben ; six drapeaux, cinq canons, 4,000 prisonniers restèrent au pouvoir des Français, qui avaient tué plus de 300 hommes; au nombre de ces derniers était le général Schmids, emporté par un boulet.

Ce premier succès était brillant, mais les Russes se trouvaient encore trop nombreux pour désespérer de leur prise.

Nous avons dit qu'une colonne de plusieurs bataillons avait filé au commencement de l'action par les hauteurs boisées qui couronnent la petite ville de Diernstein. Le général russe comptait pour beaucoup sur le résultat de ce mouvement, et voulait donner le change à l'ennemi. Loin de chercher à réparer l'échec qu'il venait d'éprouver à Loiben, il fit replier ses troupes dans Stein et dans Krems, ne laissant que quelques détachements sur la ligne qu'elles occupaient avant d'engager le combat.

Le maréchal Mortier ignorait encore la position critique dans laquelle il se trouvait, mais reconnaissant qu'il ne pouvait attaquer Krems avec des troupes harassées et privées de munitions (elles avaient presque toutes été consommées dans le combat, et le parc de réserve du corps d'armée marchait avec la seconde colonne), il résolut d'attendre, à Diernstein, l'arrivée du général Dupont, auquel il avait dépêché, pendant l'action, plusieurs ordonnances pour presser sa marche. Toutefois, !après avoir écrit à l'empereur Napoléon pour l'informer du succès obtenu dans la matinée, le maréchal partit dans la soirée avec l'état-major, pour se porter au devant de la division attendue. Il emmena avec lui le général Gazan et sa petite cavalerie, laissant le reste de ses troupes en avant de Diernstein et sur le plateau à gauche de Loiben.

Les Russes, après leur mouvement rétrograde sur Stein, étaient restés tranquilles dans leur position en avant de cette petite ville; mais à la nuit et quelque temps après le départ du maréchal Mortier, le major Henriod, qui était l'officier supérieur de service de camp, vit les hauteurs de Stein se couvrir de troupes ennemies ; détachant aussitôt le 100e régiment vers l'extrême droite de la ligne occupée par l'ennemi, il fit prévenir les troupes postées derrière Loiben, envoya des ordonnances au maréchal pour l'informer de ce qui se passait, et se porta au village de Loiben pour y rallier quelques postes que l'apparition de l'ennemi avait dispersés. Il fallut toute l'énergie et la présence d'esprit de cet officier pour sauver en ce moment les troupes françaises du danger dont elles étaient menacées, car le général de brigade qui les commandait en l'absence du général Gazan, cédant trop facilement à un premier mouvement de terreur, et sous prétexte d'aller plus promptement avertir le maréchal, s'était jeté dans une barque qui se trouvait sur le rivage du Danube.

Cependant, le maréchal Mortier et le général

Gazan, ayant été joints par les ordonnances que
le major Henriod leur avait envoyées, accouraient
à toute bride avec les dragons du 4ᵉ et quelques
officiers d'état-major vers Dierstein ; l'un et l'autre
faillirent être faits prisonniers par un corps de
1,500 Russes, avec lesquels l'escorte du maréchal
échangea quelques coups de carabine et de pis-
tolet.

Échappés à ce danger, le maréchal et le général aperçurent, avant d'atteindre Diernstein, plusieurs autres têtes de colonnes qui commençaient
à descendre des hauteurs à gauche sur le chemin
qui conduit à ce village ; ils hâtèrent leur marche
pour gagner le hameau situé entre Diernstein et
Loiben, ils croyaient y trouver une partie des
troupes qu'ils y avaient laissées; mais ce poste était
déjà occupé par l'ennemi, et la division française
se trouvait en avant sur le plateau au-dessus de
Loiben. Elle avait réussi jusqu'alors à contenir les
forces nombreuses qu'elle avait devant elle ; et
d'ailleurs, l'ennemi attendant le résultat du mouvement qui s'opérait en arrière de Diernstein, ne
se pressa point de pousser ses adversaires dans cette
direction : à son arrivée sur le plateau, le général
Gazan, qui devinait l'intention du général russe
par la rencontre que le maréchal et lui-même venaient de faire, ordonna au colonel Ritay de se
porter, avec un de ses bataillons et l'escorte du
quartier général, sur un ravin à gauche de Diernstein, pour assurer ce débouché à la division :
mais à peine ce colonel approchait-il du point in-

diqué, qu'il se trouva en présence d'une colonne ennemie qui débouchait en ce moment du village. C'était la réunion de toutes les troupes ennemies, qui avaient opéré leur mouvement par les bois qui couronnaient l'escarpement au pied duquel est située la petite ville de Diernstein : le détachement français attaqué aussitôt par cette masse fut culbuté, le colonel Ritay blessé grièvement ; 150 fantassins et quelques dragons qui abandonnèrent leurs chevaux réussirent seuls à gagner la tête du ravin, le reste fut rejeté en désordre sur le plateau de Loiben. La troupe ennemie, forte de plus de 12,000 hommes, en achevant de déboucher de Diernstein, se partagea en deux colonnes pour suivre les deux chemins, dont le point de jonction est au bas de la hauteur de Stein ; celui de gauche qui mène au plateau qui est au-dessus du petit village de Loiben, est resserré, comme nous l'avons dit déjà, entre deux murs en pierre sèche d'environ 7 pieds et demi de hauteur, pouvant donner le passage à huit hommes de front, et sous ce rapport plus large que le chemin droit, qui, longeant le Danube, conduit au petit village de Loiben, se réunit au premier un quart de lieue en avant de Stein. La colonne qui suivait le chemin de gauche était forte de 8,000, hommes et celle de droite comptait près de 5,000 hommes ; on voit dans quelle position désespérée se trouvaient les 4,000 Français qui occupaient le plateau de Loiben, ayant devant et derrière eux des masses énormes qui allaient pour ainsi dire les étouffer entre elles, à gauche un escarpement qui n'offrait aucun débouché, et à droite le Danube, sur lequel il n'y avait aucun moyen de passage. Le maréchal Mortier et le général Gazan, sentant toute la difficulté de leur position, avaient réuni autour d'eux, les officiers supérieurs des différents corps, et tous délibéraient sur les moyens de sortir de la souricière où ils se voyaient renfermés. Capituler avec l'ennemi et mettre bas les armes, était un parti indigne des vainqueurs d'Albeck et d'Elchingen, et lorsque quelques hommes pusillanimes proposèrent ce moyen honteux, la division entière jura de périr les armes à la main plutôt que de se rendre. Pendant cette délibération, le brave major Henriod, qui se trouvait en avant du plateau, au point que l'ennemi menaçait alors le plus instamment, envoya l'adjudant-major Olivier au général Gazan, pour lui dire que si on voulait suivre les mouvements qu'il se proposait de faire avec les bataillons sous ses ordres, il répondait du salut de la division. Le général Gazan se porta à l'instant à la tête de la colonne du major, et interrogea cet officier sur ces moyens de succès : Henriod lui fit remarquer la faute commise par l'ennemi en s'avançant par le chemim muré dont nous venons de parler plus haut ; cette colonne étant dans l'impossibilité d'agir de ses flancs, et ne présentant que huit hommes de front, pouvait être attaquée à la baïonnette, moyen puissant entre les mains d'hommes qui savaient en faire un si terrible usage, et qui d'ailleurs réunissaient à leur intrépidité ordinaire, toute l'énergie du désespoir; la tête de cette colonne renversée par le choc impétueux, devait naturellement presser le centre entre elle et la queue, qui, n'ayant d'autre débouché que la porte de Diernstein, s'opposerait naturellement au passage de ces hommes ainsi refoulés. Dans ce cas plus que probable, le centre de la colonne, pour ne pas être étouffé, n'avait d'autre parti à prendre que d'escalader les murs de droite et de gauche. En supposant, selon toute apparence, que l'ennemi se fût un peu développé à droite et à gauche du village, ces troupes adossées aux murs de Diernstein, ne pouvaient tirer sur les Français sans tirer sur les leurs. Le major Henriod ajouta qu'au moment où l'on attaquerait la tête de la colonne ennemie, il convenait de tirer, sur le prolongement des murs et sur la colonne, le petit nombre de coups de canon dont on pouvait encore disposer dans les caissons des deux pièces d'artillerie qui se trouvaient avec la division.

Le général Gazan communiqua le plan du major au maréchal Mortier, qui l'approuva et donna l'ordre d'attaquer immédiatement.

Alors le major Henriod, s'adressant aux grenadiers qui formaient la tête de sa colonne : Camarades, leur dit-il, nous sommes enveloppés par 30,000 Russes et nous ne sommes que 4,000; mais les Français ne comptent point leurs ennemis, nous leur passerons sur le ventre. Grenadiers du 100ᵉ régiment, vous aurez l'honneur de charger les premiers, souvenez-vous qu'il s'agit de sauver les aigles françaises. » Le régiment en entier répond à cette courte harangue : « M. le major, nous sommes tous grenadiers. »

Le major Henriod fait tirer alors les six derniers boulets qui restaient dans les coffres des deux pièces de la division, et les coups, habilement dirigés sur le prolongement des deux murs, en font retomber les pierres sur la colonne ennemie. Le maréchal, le général Gazan et l'état-major viennent pendant ce temps prendre poste entre le premier et le deuxième bataillon du 100° régiment; Henriod fait battre la charge, en recommandant aux grenadiers de crier tous ensemble : « Point de quartier, ce sont des Russes. » La colonne s'avance impétueusement, sans répondre à une fusillade qui ne blesse qu'un officier et deux grenadiers ; la première section enfonça ses baïonnettes dans le corps des premières files russes, en déchargeant en même temps l'arme, ce qui produisit une détonnation sourde qui épouvanta les files suivantes. Pour donner à la seconde section la faculté d'opérer la même manœuvre, la première escalade ensuite le mur de droite et de gauche, mais au lieu d'aller, comme le leur avait prescrit le major Henriod, à la queue du bataillon pour se reformer, ces grenadiers viennent se placer entre la deuxième et la troisième section, tant ils sont impatients de joindre l'ennemi de nouveau. Un commencement de refoulement dans la colonne russe laissa à la seconde section un intervalle de quinze pas à franchir ; après avoir essuyé une décharge, qui blessa encore un grenadier et tua le cheval que montait l'intrépide major, cette même section se précipita, comme la première, sur les Russes ; mais l'impatience des autres sections, qui brûlaient d'en venir aux mains, était telle, que celle-ci ne put escalader les murs pour faire place à la troisième. Les grenadiers dégagèrent alors la baïonnette, pour s'en servir comme de poignard, pour frapper les Russes, parce que l'espace ne permettait plus de s'en servir au bout du fusil.

Ainsi que l'avait prévu le major Henriod, après trois quarts d'heure de pression, pendant lequel temps les Français, couvrant le chemin des cada-vres ennemis, avaient à peine gagné 200 pas, la tête de la colonne russe, cédant forcément, écrasait son centre, contenu par la queue. Pour échapper à cette mort nouvelle et certaine, ce centre étouffé franchit et renversa les murs de droite et de gauche, et se débanda dans le plus grand désordre. A ce moment la terreur devient générale parmi les troupes ennemies, et elle est d'autant plus grande, que les voiles de la nuit dissimulent aux Russes et la cause de leur défaite et le nombre de leurs adversaires. Toute cette colonne immense jette en partie ses armes, et se précipite confusément dans toutes les directions vers Stein et sur la grande route de Moravie. La colonne qui suivait le chemin qui conduit à Loiben, partage la terreur de celle de droite, et entraîne dans sa déroute les troupes qui sont en avant de Stein.

Dans cette horrible confusion, quelques Russes, pour éclairer leur marche au milieu de l'obscurité, mettent le feu au village de Loiben, et les cris de plus de 500 blessés, qui avaient été déposés dans cet endroit après le combat du matin, mettent le comble à cette scène d'horreur et de destruction. Pendant plus de quatre heures, l'armée russe, frappée de cette terreur panique, se trouva dans le désordre le plus complet, sans pouvoir se rallier qu'au-delà de la rivière de Krems. La cavalerie, placée en arrière, et qui, par conséquent, n'avait pris aucune part au combat, entraînée par les premiers fuyards, s'était retirée avec tant de précipitation, que la route se trouva parsemée des plumets et des aigrettes qui ornaient les casques et les schakos des cavaliers. La route murée se trouvant libre par la débandade de la colonne ennemie, la tête de la colonne française fut promptment portée, par la même force de pressement, au village de Diernstein, où elle arriva sans autre perte que celle de quelques hommes culbutés sur les cadavres russes et foulés aux pieds... La division, ayant de passer à Diernstein, avait entendu, dans la direction qu'elle tenait, une fusillade qui ne se soutint pas ; mais à moitié chemin, la tête de la colonne fut tout-à-coup accueillie par de nouveaux coups de fusils. Le major Henriod dit alors à son régiment : « Allons, 100ᵉ, ce sont encore des Russes, chargeons, et surtout point de prisonniers. » A cette exclamation du major, la méprise est reconnue, le feu a cessé, et l'on entend la troupe adverse s'écrier : Nous sommes de la division Dupont!... soyez les bien venus, nous vous croyions tous prisonniers. Le général Dupont, ayant reçu les diverses ordonnances dépêchées par le maréchal dans la journée, avait hâté sa marche, et était arrivé à Spitz après la chute du jour, détachant aussitôt sa première brigade, formée du 9e régiment d'infanterie légère et du 32e de ligne. Cette troupe avait rencontré sur la route de Diernstein, au-dessus du village de Wosendorf, la colonne ennemie, qui avait tiraillé avec l'escorte du maréchal Mortier, lorsque celui-ci revenait sur Diernstein. Attaqués par la brigade française, ces 1,500 Russes avaient été presque tous tués ou pris : c'était cette fusillade que la division Gazan avait entendue, quelque temps avant de joindre la troupe du général Dupont (1).

N. 50.

Le 13 novembre, surprise du pont de Spitz par les maréchaux Murat et Lannes.

Sur ce bas-relief, on voit le moment où les

---

(1) Napoléon, en apprenant le danger que le maréchal Mortier avait couru au combat entre Krems et Diernstein, et la manière dont il y avait échappé, s'écria plaisamment : « Mortier doit un beau cierge à la Vierge. »

Nous devons signaler que les bulletins officiels ne firent aucune mention de la belle conduite du major Henriod, auquel on ne pouvait, sans injustice, refuser la gloire d'avoir sauvé la division française.　　　(*Note de l'éditeur.*)

deux maréchaux se rendent maîtres du pont, après avoir surpris le poste autrichien chargé de sa défense. Le maréchal Lannes saisit le bras d'un artilleur ennemi, à l'instant où il va mettre le feu à la mine qui devait faire sauter le pont à l'approche de l'armée française.

Dès que la capitulation de Vienne fut réglée, le général Sébastiani entra le 13, même jour, dans cette capitale avec sa brigade, et fut bientôt suivi du prince Murat, qui fit occuper les principaux postes et établit des réserves sur les places publiques. A l'ordre parfait qui régna pendant cette prise de possession, on eût dit un corps de troupes auxiliaires entrant dans une ville alliée ; la milice bourgeoise était sous les armes, les habitants bordaient les rues, et semblaient avides de contempler ces soldats français, qui, depuis douze ans, triomphaient de l'Europe coalisée, et qui, deux fois parvenus jusqu'aux portes de Vienne, avaient préféré la paix à la gloire d'entrer dans cette capitale. Après quelques heures, la confiance était si bien établie, que la plupart des boutiques étaient ouvertes et que les vainqueurs et la population soumise semblaient appartenir à la même nation.

Le plus grand nombre des Viennois déclaraient hautement qu'ils préféraient voir leur ville occupée par les Français, que gardée par les troupes russes, dont ils avaient appris à redouter les excès, par le rapport des habitants de la haute et basse Autriche. L'empereur Napoléon prolongea jusqu'au 13 novembre son séjour dans l'abbaye de Monk.

N. 51.

Le 13 novembre, le prince Murat fait son entrée dans Vienne. Il est accompagné de son état-major.

L'empereur s'établit à Schœnbrunn, au palais impérial, qui avait été évacué l'avant-veille par les jeunes archiduchesses, filles de François II, parmi lesquelles se trouvait la princesse Marie-Louise qui, quatre ans plus tard, devait être le gage d'une troisième paix entre son père et l'empereur Napoléon.

Alternativement occupé des soins militaires et de ceux de la représentation, Napoléon recevait les grands d'Autriche, visitait les avant-postes, la ville de Vienne et la campagne qui l'entoure, faisait rendre à l'électeur de Bavière l'artillerie que les Autrichiens lui avaient prise, et ajoutait 1,500 fusils, tirés de l'arsenal de Vienne, aux 20,000 dont il avait fait présent à ce prince pendant son séjour à Augsbourg. Le gouvernement autrichien n'avait point d'autre fonderie et d'autre arsenal que ceux de Vienne. On en avait à peine évacué le quart, et il se trouvait encore des munitions pour faire quatre campagnes et renouveler quatre fois les équipages d'artillerie.

N. 52.

Le 13 novembre, l'empereur établit son quartier-général à Schœnbrunn, maison de plaisance impériale, à peu de distance de Vienne : il y harangue son armée, et lui témoigne sa satisfaction.

N. 53.

Le 14 novembre, l'empereur se rend à Vienne ; les magistrats et le clergé, suivis du peuple que la curiosité attire, lui présentent les clefs de la ville.

Dans la soirée du 13, Napoléon se rendit à Vienne ; mais il fit son entrée sans faste et sans appareil. Il avait refusé tous les honneurs que la ville voulait lui rendre, et cette modestie donna encore aux habitants une plus haute idée de sa personne.

N. 54.

14 novembre. Ce bas-relief représente l'empereur remettant à la députation qui lui fut envoyée de Paris, pour le féliciter de ses glorieuses victoires, les drapeaux pris à l'ennemi.

N. 55.

Combat d'Hollabrunn. Ce bas-relief offre le combat d'Hollabrunn, connu sous le nom de Schougrabenn. L'action se passe des deux côtés du pont; la scène est éclairée par le feu des magasins de paille que les obus ont incendiés. Le général Bagration est sur la droite, près d'un feu de bivouac.

Les 15 et 16 novembre, les Russes avaient pris position en arrière du village de Schougrabenn, au-delà d'un défilé défendu par 6,000 hommes de leurs meilleures troupes ; Murat, avec son impétuosité ordinaire, voulut attaquer de suite ce défilé, quoique le jour fût déjà tombé ; le maréchal Soult conseillait de ne point engager une affaire de nuit, dans laquelle les dispositions sont souvent incertaines, les méprises fréquentes et les résultats presque toujours funestes aux assaillants. Ses instances furent inutiles : Murat ordonna l'attaque.

L'action s'engagea par quelques escarmourches de cavalerie, après lesquelles le maréchal Lannes fit avancer la division des grenadiers d'Oudinot, pour attaquer de front et par la gauche la position de l'ennemi, que le maréchal Soult faisait tourner à droite par la division Legrand, tandis que la division Vendamme appuyait celle des grenadiers.

Le général Oudinot, à la tête de la brigade de grenadiers que commandaient les généraux Laplanche et Mortier, fondit sur les Russes avec son élan accoutumé ; mais ceux-ci, qui avaient l'avantage de la position, reçurent vigoureusement le choc. Leurs obus ayant mis le feu au village de Schougrabenn dès le commencement de l'affaire, l'incendie se manifesta bientôt d'une manière effrayante, et nuisit beaucoup aux troupes françaises, dont elle éclairait la position. Le vent, chassant de gros nuages d'une fumée fétide, empêchait de distinguer les mouvements des Russes. Tandis que la division Vendamme s'avançait à l'appui des grenadiers engagés, des officiers d'un corps russe, qui étaient sur le point d'être enveloppés, se mirent à crier : *Ne tirez pas, nous sommes Français.* La crainte, en effet, de tuer leurs camarades arrêta les Français, qui, n'étant qu'à demi-portée de fusil de leurs adversaires, reçurent bientôt une décharge très-meurtrière. Indignés de cette supercherie, ils s'élancèrent avec fureur sur ces prétendus Français, les culbutèrent et les taillèrent en pièces. Enfin, après un combat opiniâtre, qui avait duré jusqu'à onze heures du soir, les Français se trouvèrent maîtres du champ de bataille, de 1,000 prisonniers, de 12 pièces de canon et de cent et quelques voitures de fourrage et de bagages.

N. 56.

Le 20 novembre, l'empereur et plusieurs généraux se rendent à Braun.

Sa majesté est reçue par l'évêque; la porte de cette ville est palissadée.

Napoléon établit son quartier-général à Braun , et fut surpris de trouver la citadelle de cette ville abandonnée par l'ennemi, bien qu'elle se trouvât en état de soutenir un siége en règle, et qu'elle fût approvisionnée en munitions de toute espèce. L'armée ennemie, alors réunie entre Wischaud et Dieditz, et dont le général Kutusow avait le commandement général, était forte de 104 bataillons, dont 20 autrichiens, de 159 escadrons, dont 59 autrichiens et 40 cosaques. Le lieutenant-général prince Jean de Lichtenstein commandait les troupes autrichiennes. Son infanterie se composait des sixièmes bataillons des régiments de ligne recrutés, armés et organisés depuis la prise d'Ulm, et des restes du corps d'armée du général Kien-Mayer, dont une partie , sous les ordres du général Meerveld, s'était , après le passage de Luis et la marche des Français sur Vienne , retirée vers la Styrie. L'archiduc Ferdinand , que nous avons laissé se retirant sur les frontières de Bohême avec les débris de la cavalerie échappés aux désastres d'Ulm , l'archiduc Ferdinand avait réuni dans ce pays (la Bohême) les troupes de nouvelles levées qui s'y trouvaient, et couvrait ainsi, avec un corps de 18 à 20,000 hommes, la droite combinée de l'armée de Moravie. Celle-ci pouvait être évaluée , à cette époque, à 80,000 hommes, et n'avait en tête que le corps de cavalerie de Murat,

ceux des maréchaux Soult et Lannes, et la garde
impériale française, sous les ordres du maréchal
Bessières ; toutes ces troupes formant un total de
50 et quelques mille hommes. Mais les Russes et
les Autrichiens étaient tellement fatigués des
marches qu'ils venaient de faire et des combats
qu'ils avaient eu à soutenir, qu'il fut décidé à
Wischaud que l'armée combinée continuerait son
mouvement rétrograde jusqu'à Olmutz, pour donner dans cette position quelque repos aux troupes,
et attendre l'arrivée de celles qui n'avaient pas
encore rejoint.

Toutefois, les avis avaient été partagés sur cette
dernière décision. Plusieurs généraux pensaient
qu'il eût été plus convenable de prendre sur-le-
champ l'offensive, attendu que les forces françaises étaient en ce moment bien inférieures à
celles des alliés, et que Napoléon, ignorant encore
que la jonction des deux armées russes avait été
opérée, ne pouvait pas s'attendre à un mouvement
aussi brusque. Mais une pareille résolution avait
été trop tardive : les Français s'étaient avancés
dans la persuasion que l'ennemi n'abandonnerait
la Moravie qu'après avoir tenté les chances d'une
bataille. On savait que Braun était une place forte,
bien armée, avec beaucoup de magasins de poudre, remplie de munitions de guerre de toute espèce ; et, sous un autre rapport, si Napoléon
ignorait positivement l'arrivée du corps du général Buxhoëwden, tous les renseignements que ses
émissaires lui avaient donnés de la marche de ces

troupes en Pologne et dans les deux Gallicies ren-
daient cette même arrivée tellement probable, que
tous les calculs du monarque guerrier étaient
fondés sur cette supposition.

Murat, sorti de Braun presque aussitôt son entrée dans la place, avait continué à suivre l'ennemi dans la direction d'Olmutz. La division du général Walter, qui marchait en tête de la cavalerie
française, rencontra un corps de 6,000 cavaliers
russes, que le général Kutusow avait placés en
arrière-garde pour défendre le point de jonction
des routes de Braun et d'Olmutz. Cette division
contint l'ennemi jusqu'à l'arrivée de la division
du général d'Haultpoult et de quatre escadrons
de la garde impériale que le maréchal Bessières
conduisait en personne. Quoique les chevaux
fussent harassés de fatigue, les généraux n'ordon-
nèrent pas moins la charge, qu'il fallut renouveler à plusieurs reprises, car les Russes opposaient
une vigoureuse résistance. Mais le général Bessières s'étant avancé avec les escadrons de la
garde, chargea si impétueusement que les Russes
furent à la fin culbutés et mis en déroute, laissant
plus de 200 cavaliers sur le champ de bataille et
100 chevaux au pouvoir des Français. L'action
avait été très-chaude, et les Français y firent une
perte presque égale à celle de l'ennemi. Parmi
les blessés se trouvaient les colonels Durosnel, du
16e chassseurs, et Bourdon, du 11e dragons ; le
corps de cavalerie russe qui venait de combattre
était composé en grande partie de cosaques ; les

Français n'avaient pas été intimidés par les cris épouvantables que poussaient ces demi-barbares, et comme ceux-ci étaient plus habitués à se servir de la lance que du sabre, les premiers avaient eu à cet égard beaucoup d'avantage.

Après cet engagement, l'ennemi se replia sur le gros de son armée, et les reconnaissances les suivirent jusqu'auprès de Wischaud. Napoléon fit prendre position aux troupes qu'il avait alors avec lui, en avant de Braun, s'appuyant sur cette place, dont on travaillait à augmenter encore les moyens de défense.

Nous avons déjà dit plus haut que la situation de Napoléon en avant de Braun n'était pas aussi hasardée que certains généraux ennemis l'avaient pensé. L'empereur des Français, en s'avançant ainsi dans le cœur de la Moravie, avait calculé de manière à être joint en peu de temps par le maréchal Bernadotte, qu'il avait détaché vers Iglau, à deux ou trois marches des corps qui se trouvaient alors en présence de l'armée combinée ; par le maréchal Davoust, dont une division n'était qu'à deux marches, et les autres à quatre marches; enfin par le maréchal Mortier, qui, laissé en arrière pour couvrir Vienne, pouvait arriver en quatre marches, et qui, dans cette dernière hypothèse, aurait été remplacé par le général Marmont.

L'armée combinée partit de Wischaud et des environs, le 24 novembre, et arriva le lendemain matin devant Olmutz, où elle prit position en arrière du village de Dollschau ; sa gauche était appuyée à la rivière de March , sa droite s'étendait sur les hauteurs de Topolan: elle était disposée sur .trois lignes. Le prince Lichtenstein, avec les troupes autrichiennes, formait la réserve sur les hauteurs en arrière de Schnobolin , et devait assurer , en cas de revers, le passage au-delà de March. Plusieurs ponts construits là à cet effet sur cette rivière, entre Nimlau et Olmutz, devaient faciliter ce mouvement. Le terrain qu'occupait l'armée était élevé dans toute son étendue, depuis les hauteurs près de Nimlau jusqu'à sa droite, de manière à pouvoir découvrir, en cas d'attaque , les mouvemens ennemis d'une lieue en avant ; derrière les hauteurs se trouvaient de larges ravins assez profonds pour y cacher de fortes colonnes , qui pourraient surprendre par leur attaque imprévue; ce qui donnait aussi la facilité de manœuvrer offensivement au-delà de ce rideau. Sur la crête étaient des points dominants qui se défendaient réciproquement, et sur lesquels la nombreuse artillerie de l'armée pouvait être employée avec succès. Un marais couvrait sa droite et une partie de son centre; enfin, ce terrain offrait de grands moyens de résistance aux forces qui pourraient se présenter.

Quelque avantageuse que fût cette position de l'armée combinée, les empereurs d'Autriche et de Russie, qui se trouvaient réunis à Olmutz, dès le 18 octobre , pensèrent qu'il fallait essayer de gagner encore du temps, afin de se trouver plus en mesure, par l'arrivée des troupes que le grand-duc Constantin et le général Essen amenaient. En conséquence, l'empereur d'Autriche envoya au quartier-général du monarque français les comtes Gicelay et Stadion avec des pleins pouvoirs pour entamer une négociation. Napoléon offrit préalablement un armistice afin d'épargner le sang si effectivement les propositions qu'on lui faisait étaient sincères, mais il ne tarda pas à deviner les projets de ses adversaires ; et conjecturant que les corps russes attendus étaient arrivés ou sur le point d'arriver à Olmutz, il fut bien persuadé que la mission des plénipotentiares autrichiens n'était plus qu'une ruse de guerre pour endormir sa vigilance.

Telle était, au 27 novembre, la position des différents corps de l'armée française : la garde impériale, la division des grenadiers d'Oudinot, alors commandée par le général Duroc et le reste du corps du maréchal Lannes, étaient à Braun et dans les environs de cette place ; et les troupes du maréchal Soult occupaient Austerlitz, Butchowitz, Neuwisceslitz, Stunitz, et avaient à Gaya sur la route de Hongrie un détachement qui se liait avec une des divisions du maréchal Davoust, qui observait la rive de March, à l'effet d'assurer la droite de l'armée. Le prince Murat avait sa cavalerie à droite et à gauche de la grande route d'Olmutz entre Brunn et Posorzitz ; les avant-postes étaient au-delà de Wischaud.

Le maréchal Bernadotte, détaché sur la gauche

de Braun, occupait Iglau, sur la route et près des frontières de la Bohême ; les divisions de Wrède et Drouet s'étaient même avancées jusqu'àDeutsch-brod, et avaient pris une compagnie d'artillerie, 100 chevaux de troupes, 50 cuirassiers et plusieurs officiers du prince Ferdinand. Des magasins, un grand nombre de chariots attelés et chargés de bagages étaient également tombés au pouvoir des Français. Le colonel d'état-major Maison, premier aide-de-camp du maréchal Bernadotte, avait fait prisonniers, sur la route de Braun à Iglau, 350 dragons de Latour et des cuirassiers d'Hohenlohe.

Le maréchal Mortier couvrait Vienne avec les deux braves divisions qui composaient son corps d'armée.

Le maréchal Davoust, dont les troupes s'échelonnaient en remontant la March, qui se jette dans le Danube en-deça de Presbourg, se trouvait, comme nous l'avons déjà dit, en communication avec la droite du corps du maréchal Soult, vers Gaya. Le général Marmont était à Léoben, étendant sa gauche dans la direction de Vienne, et ayant sa droite vers Gratz.

Le maréchal Ney s'avançait du Tyrol dans la Carinthie, pour opérer sa jonction avec l'armée d'Italie ; enfin, le maréchal Augereau assurait les communications avec la France par la Bavière et la Souabe.

N. 57.

Le 22, une reconnaissance est poussée jusqu'à Olmutz. (Sujet du bas-relief.)

François II sort précipitamment d'Olmutz, tandis que les dragons se présentent devant les palissades. On remarque que la voiture où est l'empereur l'entraîne sur la route de Pologne ; les valets de pied sont encore à atteler les traits des chevaux.

N. 58.

Les 27 et 28 novembre, l'armée entre à Presbourg ; le maréchal Davoust y est reçu par une députation des notables à la porte de la ville.

N. 59.

Le 29, Napoléon fait prendre position à son armée, donne le plan des fortifications à établir sur les hauteurs du Sauton. Des artilleurs sont occupés à placer des pièces qui doivent défendre ce point, qu'il considère comme le plus important, puisqu'il doit assurer le succès de cette grande bataille.

N. 60.

29 novembre. L'empereur occupe le premier plan de ce bas-relief. Il congédie un

parlementaire russe. Le fond de ce tableau est occupé par les tentes des maréchaux et généraux formant l'état-major de Napoléon.

D'après les nouvelles dispositions prises par le général en chef russe, l'armée alliée se porta, le 29, de Tultsch et de la hauteur de Noska sur celle de Hobitschau et de Kutscherau. Le prince Bagration poussa ses avant-postes sur Posorzitz : le général Keinmayer, avec sa réserve de 14 escadrons autrichiens, marcha sur Austerlitz, que le maréchal Soult avait évacué dès trois heures du matin, pour prendre position derrière les villages de Puntorutz et de Schalapanitz ; et le général Sulterheim arriva à Bulschowitz, où il se trouvait en communication avec un détachement autrichien qui venait de repousser de Gaya quelques postes français.

N. 61.

1er décembre. L'empereur, enveloppé de son manteau, visite dans la nuit les avant-postes, et parcourt le camp ; il est bientôt reconnu par quelques soldats qui, pour lui rappeler l'anniversaire de son couronnement, allument des torches de paille, exemple qui fut bientôt suivi par toute l'armée : un fantassin près d'un feu de bivouac transcrit les paroles de Napoléon, paroles qui savaient si bien électriser l'âme de ses soldats.

BATAILLE D'AUSTERLITZ.

N. 62.

2 décembre. L'empereur Napoléon, à cheval, donne ses ordres aux maréchaux et généraux qui l'écoutent en silence, en admirant son sang-froid, et partageant sa confiance dans une prochaine victoire : sur le second plan de ce bas-relief, on distingue des soldats encore endormis près de leurs bivouacs.

N. 63.

2 décembre. Ce bas-relief offre, dans toute son étendue, une vigoureuse charge de cavalerie rompant une colonne d'infanterie russe et autrichienne. Au centre est un obusier en batterie, servi par des canoniers ennemis qui cherchent en vain à le défendre.

N. 64.

2 décembre. Ce bas-relief représente l'empereur Napoléon sur son cheval de bataille, recevant des mains des généraux faits prisonniers leurs épées, après la bataille d'Austerlitz.

N. 65.

2 décembre. Ce bas-relief offre le déchirant tableau au moment où une partie de l'armée russe , poursuivie par un bataillon de la garde à pied du général Oudinot, s'engloutit sous les glaces du lac d'Augerd.

L'empereur, témoin de cette horrible catastrophe, ne peut s'empêcher de déplorer le sort de ces braves soldats qui, dit-il, « méritaient un meilleur sort , et d'avoir des chefs plus habiles. »

N. 66.

4 décembre. Conférence entre les deux empereurs d'Autriche et de France , au moulin de Saruschitz. Au fond de ce bas-relief, on distingue la calèche de François II.

L'empereur d'Allemagne a sollicité cette entrevue avec l'empereur Napoléon, dans l'espoir d'obtenir un armitice.

N. 67.

6 décembre. Suspension d'armes entre l'armée française et les armées alliées. Nos soldats se livrent au délassement dont ils avaient été privés pendant cette mémorable campagne.

N. 68.

Ce bas-relief représente des groupes de soldats français occupés à transporter les canons et armures provenant de l'arsenal impérial de Vienne, pour être dirigés sur la France, par ordre de Napoléon.

N. 69.

Ce bas-relief représente Talleyrand, ministre des relations extérieures, passant le Danube,devant Presbourg.

Ce ministre était chargé par l'empereur Napoléon de régler les articles du traité de paix.

N. 70.

Le 26 décembre, Napoléon, entouré de son état-major-général, signe le traité de paix de Presbourg.

N. 74.

Fin de décembre. Les états Vénitiens sont rendus à l'Italie.

Tel est le sujet de ce bas-relief. Au premier plan, des barques transportent nos troupes : à droite, sur le même plan, des pièces de canon gardées par un groupe d'artilleurs. Un peu plus loin, sur le deuxième plan, on remarque le lion de Saint-Marc, qui indique la ville, et dans le fond des gondoles richement décorées contenant des Vénitiens qui semblent venir à la rencontre de l'armée française.

N. 72.

26 décembre. Ratification du traité de Presbourg

Les électeurs de Bavière et de Wurtemberg sont proclamés rois par l'empereur Napoléon. Ce bas-relief indique le moment où ils reçoivent leur couronne des mains de Sa Majesté.

N° 73.

26 janvier 1806. La garde impériale rentre en France, chargée de drapeaux pris à l'ennemi pendant la glorieuse campagne de 1805. Les grenadiers à cheval forment l'avant-garde de cette armée de vainqueurs.

N. 74.

27 janvier 1806. L'empereur fait son entrée à Paris, passant sous l'arc de triomphe de la porte Saint-Martin ; il est précédé

de la musique militaire et des grenadiers de sa garde ; sur le deuxième plan de ce bas-relief, on découvre l'antique monument de l'église métropolitaine de Notre-Drme.

N. 75.

Trophées de la campagne.

Un chariot chargé d'armures et d'étendards fait allusion aux dépouilles de l'ennemi, destinées au Musée, et au matériel qui allait être versé dans nos dépôts.

N. 76 ET DERNIER.

Le bas-relief allégorique qui termine ce superbe monument représente la Renommée aux cent voix publiant les hauts faits de la campagne de 1805, et son dénoûment par le traité de paix de Presbourg. Sur le deuxième plan, la Seine, appuyée sur son fleuve, écoute attentivement le récit de tant de glorieux combats.

ANECDOCTES.

⁎ A la bataille d'Austerlitz, un jeune tambour français, de l'âge de 14 ans, se trouva surpris par deux soldats russes en maraude; sans se déconcerter, il tire son sabre et se met sur la défensive; un seul des deux Moscovites est armé, et bientôt il est obligé de céder à l'impétueuse bravoure de notre jeune tambour, qui les emmène prisonniers. Amené devant l'empereur pour ce fait et accompagné de sa capture, Napoléon lui demande si c'était vraiment lui seul qui les avait faits prisonniers? — « Oui, Sire, répondit-il. — Mais ils sont deux fois grands comme toi, lui réplique le vainqueur d'Italie. — Ah! quand ils sont trop grands, on les coupe en deux, Sire; » en même temps il fait le simulacre d'un coup de sabre. Cette réponse lui valut la croix et une pension de 1,200 fr. pour sa mère qui était malheureuse.

⁎ « Voilà une croix qui me fera tuer à la première bataille, dit un vieux sergent-major qui venait de recevoir la décoration. — Et pourquoi? lui demanda un officier supérieur. — Parce que je m'exposerai d'avantage pour la mériter. » De

bouche en bouche, cette réponse parvint à l'instant même aux oreilles de l'empereur, qui fit aussitôt rappeler le sergent-major. — « Approchez, sergent, lui dit Napoléon, et donnez-moi votre croix. » Sans trop savoir ce que cela voulait dire, il obéit ; mais de quelle agréable surprise ne fut-il pas frappé, lorsqu'il reçut en échange celle que portait Sa Majesté, avec ces paroles : « Allez vous mettre à la tête de votre compagnie, capitaine. »

⁂ Celle-ci équivaut au moins l'autre. — « Qu'il y a des hommes qui ont du bonheur ! disait un soldat de la garde à un de ses camarades. — Pourquoi ? — Pourquoi ! parce tout ce qu'ils font est remarqué et cela leur vaut des croix... des grades... des... tandis que moi, j'ai enlevé à l'ennemi un drapeau, je suis blessé en l'emportant, un camarade s'en est emparé, et sans doute aura eu la récompense qui m'attendait. Dans toutes les batailles je me suis battu comme un... comme un soldat français... au fait..... Eh bien, rien !... Ah ! quand donc arrivera mon tour ? — A présent, » dit une voix qui fut bientôt suivie de l'apparition d'un homme ; c'était l'empereur qui se trouvait derrière la maison où causaient nos deux braves. — « Tiens, la voilà, cette croix que tu désires tant : sais-tu lire ? — Et écrire, mon empereur. — Eh bien, tu seras capitaine. » Le lendemain il reçut son brevet.

En 1809, l'empereur vint à Versailles passer la revue de plusieurs dépôts de toutes les armes qui, par son ordre, s'y trouvaient réunis.

Sa majesté étant descendue à Trianon, un maréchal-des-logis du 16me régiment de dragons se trouvait attaché depuis quelque temps à l'école d'équitation (Biard était son nom); il se présente à l'empereur et lui remet un placet dans lequel il se plaignait en peu de mots d'un passe-droit qui lui avait été fait il y avait déjà un an, lorsqu'il était présent à son régiment. Napoléon ayant examiné sa demande, l'interroge; et les réponses franches de notre jeune sous-officier l'ayant flatté, il lui fit un signe de tête de se rendre à son poste : Biard obéit.

Le moment de la revue étant arrivé, l'empereur lui-même appelle par son nom le maréchal-des-logis, qu'il fit sortir des rangs et placer près du maréchal Berthier. Puis s'adressant au noyau des dragons qui étaient présents, il dit : «16me dragons, vous reconnaîtrez le nommé Jean-Joseph Biard pour votre capitaine, et vous lui obéirez en tout ce qu'il vous commandera pour le service de l'empire. Puis s'adressant ensuite au nouvel élu : Etes-vous content, capitaine ? Biard répondit avec noblesse : Oui, Sire; mais de quelle compagnie? --- Compagnie d'élite, répondit le vainqueur d'Arcole.» Notre capitaine, après avoir salué militairement, vient prendre place à la tête du détachement, qui s'empresse de le féliciter ; mais Biard, tout en répondant à leurs félicitations, ne s'apercevant pas que Napoléon était proche de lui, dit à ses camarades dans l'épanchement de sa joie : « Convenez, mes amis, qu'il faut du toupet pour parler à ce b..... là ? L'empereur, qui venait d'entendre ces derniers mots, s'étant retourné, dit à notre nouvel officier : « Ah ! ah ! capitaine, je suis donc un b..... ? » Biard, sans se déconcerter et en portant la main droite à la visière de son casque, répondit à Sa Majesté, avec une assurance tout à fait particulière, mais respectueuse : « Pardon, Sire, j'ai voulu dire un bon b..... ! » L'empereur, se retournant vers le maréchal Berthier et les officiers-généraux qui l'accompagnaient, fit un signe de tête en souriant, et continua la revue.

Trois mois après, le capitaine Biard fut tué à la tête de sa compagnie, en Espagne.

═══════════

⁎⁎⁎ Un artilleur de la garde ayant eu un bras et une jambe emportés en même temps par la mitraille, dit à l'empereur, qui passait près de lui, quelques instants après avoir été blessé : « Sire, il me fallait une occasion comme celle-ci pour prendre congé d'un si brave maître, et je puis assurer à Votre Majesté que, sans ce petit accident, je ne l'aurais jamais quittée. — Eh bien, lui répondit l'empereur, c'est moi maintenant qui suis à ton service, mon brave. » Il lui donna sa bourse pleine d'or.

,*, La veille d'une bataille, des pontonniers défilaient avec environ quarante voitures d'équipages. L'empereur cria : Halte. Et montrant un caisson au général Bertrand, il lui dit d'appeler un de ses officiers. « Qu'y a-t-il dans ce caisson? — Sire, des boulons, des sacs de clous, des cordages, des hachettes, des scies. — Combien de tout cela? L'officier donna le compte exact. Sa Majesté, pour vérifier le rapport, fait vider le caisson, compte les pièces, en trouve le nombre conforme, et, pour s'assurer qu'on ne laissait rien dans la voiture, elle y monte par le moyen de la roue, en s'accrochant aux rais. Il y eut un mouvement d'approbation et des cris de joie dans tous les rangs. « Bravo! disait-on; à la bonne heure, c'est comme cela qu'on est sûr de n'être pas trompé. » Toutes ces choses faisaient que l'empereur était adoré de ses soldats.

,*, A la bataille d'Essling, le général Masséna s'aperçut qu'un de ses étriers était trop long. Il appelle un soldat pour le raccourcir, et pendant cette opération, il posa sa jambe sur le cou de son cheval. Un boulet part, qui emporte le soldat et coupe l'étrier, sans toucher au maréchal ni à son cheval. « Bon! dit-il, voilà qu'il me faut descendre et changer de selle! » Et ce fut avec humeur que le maréchal fit cette observation.

—————

.*. A cette même bataille, un canonnier eut les deux jambes emportées par un boulet. Deux de ses camarades le ramassèrent, et firent, avec des branches d'arbres, un brancard sur lequel ils le posèrent pour le transporter dans l'île. Le pauvre mutilé ne jetait pas un seul cri, seulement : « J'ai bien soif, » disait-il de temps en temps à ses porteurs. Comme ils passaient sur un des ponts, il les supplie d'arrêter et d'aller lui chercher un peu de vin ou d'eau-de-vie pour ranimer ses forces. Ils le croient et le quittent ; mais ils n'avaient pas fait vingt pas, que le canonnier leur crie : « N'allez pas si vite, mes camarades ; je n'ai pas de jambes, et j'arriverai plus tôt que vous. Vive la France! » Et faisant un effort, il se laisse rouler dans le Danube.

—————

.*. Il y avait au camp de Lobau, un chien que toute l'armée connaissait sous le nom de *Corps-de-Garde*. Il était vieux, sale et laid ; mais ses qualités morales faisaient bien vite oublier ce que son extérieur avait de défectueux. On l'appelait aussi quelquefois le plus brave chien de l'empire. Il avait reçu un coup de baïonnette à Marengo ; il

eut une patte cassée d'un coup de feu à Austerlitz.
Il était alors attaché à un régiment de dragons,
car il n'avait point de maître. Il s'attachait à un
corps auquel il restait fidèle tant qu'on le nour-
rissait bien et qu'on ne le battait pas. Un coup de
pied ou un coup de plat de sabre le faisait déserter
le régiment et passer dans un autre. Il était d'une
rare intelligence. Quelle que fût la position du corps
dans lequel il servait, il ne l'abandonnait pas; il ne
le confondait pas avec les autres. Au plus fort de
la mêlée, il était toujours auprès du drapeau qu'il
avait choisi. Si, dans un camp, il rencontrait un
soldat d'un régiment qu'il avait abandonné, on le
voyait l'oreille basse, la queue entre les jambes,
s'esquiver au plus vite, et retourner auprès de ses
nouveaux frères d'armes. Quand son régiment
marchait, il courait en éclaireur tout autour, et
avertissait, par ses aboiements, de tout ce qu'il
trouvait d'extraordinaire. Il a sauvé plus d'une
fois ses camarades d'une embuscade.

***

.*. Pendant l'automne de 1804, l'empereur fit
plusieurs voyages au camp de Boulogne. Dans
une de ses fréquentes tournées, l'empereur s'arrêta un jour vers l'extrémité du camp de gauche,
près d'un canonnier garde-côte, causa avec lui,
lui adressa quelques questions, entre autres celle-
ci : « Qu'est-ce qu'on pense ici de l'empereur ?
— Ce sacré *tondu* nous tient constamment en ha-
leine quand il arrive; chaque fois qu'il est ici

nous n'avons pas un seul instant de repos ; on di-
rait qu'il est enragé contre ces chiens d'Anglais
qui nous battent toujours, ce qui n'est guère ho-
norant pour nous. — Vous tenez donc beaucoup
à la gloire ? » lui dit l'empereur. Alors le canonnier garde-côte le regardant fixement : Un peu
que j'y tiens !... En douteriez - vous ? — Non, je
n'en doute pas ; mais... à l'argent, y tenez-vous
aussi ? — Ah ça ! voyons, voulez-vous m'insulter,
questionneux ? Je ne connais d'autre intérêt que
celui de l'Etat. — Non, non, mon brave, je ne
prétends pas vous insulter, mais je parierais
qu'une pièce de vingt francs ne vous ferait pas
de peine pour boire un coup à ma santé. » Cela
disant, l'empereur avait fait le geste de tirer de
sa poche un napoléon qu'il présentait au canonnier, quand celui-ci se mit à crier assez fort pour
être entendu du poste voisin, qui n'était pas très
éloigné, et fit le mouvement de se précipiter sur
l'empereur, qu'il prenait pour un espion, et il allait le saisir à la gorge, lorsque l'empereur, ou-
vrant précipitamment sa redingote grise, se fit
reconnaître. Qu'on juge de l'étonnement du canonnier. Il se prosterna aux pieds de l'empereur,
confus de son erreur. Mais celui-ci, avançant sa
main vers lui : Relève-toi, mon brave, lui dit-il,
tu as fait ton devoir ; mais tu ne tiendras pas ta
parole, j'en suis certain, tu accepteras bien cette
pièce pour boire à la santé du *sacré tondu*, n'est-
ce pas ? » L'Empereur se mit alors à poursuivre
sa ronde comme si de rien n'eût été.

.⁎. A la bataille d'Austerlitz, dès que le jour commença à poindre, le général Vandamme dit aux troupes qu'il commandait : Mes braves ! voilà les Russes !... on tire son coup de fusil ; on met le chien au repos ; on couvre le bassinet ; on croise la baïonnette ; on prend tout ; et... en avant. » L'empereur, parlait un jour de cette allocution devant le maréchal Berthier, qui en riait : « Voilà comme vous êtes, lui dit-il ; eh bien, tous « vos avocats de Paris n'auraient pas si bien dit : « le soldat comprend cela, et voilà comme on ga- « gne des batailles ! »

.⁎. A la bataille d'Essling, le brave général Da- leim, commandant une division du quatrième corps, se trouvait, pendant le plus fort de l'action, sur un point criblé par l'artillerie ennemie. L'em- pereur, passant près de lui, lui dit : « Il fait chaud de ton côté. — Eh bien ! Sire, permettez-moi d'éteindre le feu. — Va ! » Ce seul mot suffit. En un clin d'œil, la terrible batterie fut enlevée. Le soir, l'empereur, apercevant le général Daleim, s'approcha de lui, et lui dit : « Il paraît que tu n'as fait que siffler dessus ! » Sa Majesté faisait ainsi allusion à une habitude du général Daleim, qui, en effet, sifflait presque toujours.

IMPRIMERIE A. FRANÇOIS ET COMP., RUE DU PETIT-CARREAU, 32.